职业教育与
区域经济互动发展研究

吕从钢　张旭婷　吕慧明 | 著

ZHIYE JIAOYU YU
QUYU JINGJI HUDONG FAZHAN YANJIU

北京·旅游教育出版社

图书在版编目（CIP）数据

职业教育与区域经济互动发展研究 / 吕从钢，张旭婷，吕慧明著. -- 北京：旅游教育出版社，2024.12.
ISBN 978-7-5637-4807-5

Ⅰ．G719.2；F127

中国国家版本馆CIP数据核字第2024HW5310号

职业教育与区域经济互动发展研究

吕从钢　张旭婷　吕慧明　著

策　　划	李荣强
责任编辑	何　玲
出版单位	旅游教育出版社
地　　址	北京市朝阳区定福庄南里1号
邮　　编	100024
发行电话	（010）65778403　65728372　65767462（传真）
本社网址	www.tepcb.com
E - mail	tepfx@163.com
排版单位	北京旅教文化传播有限公司
印刷单位	唐山玺诚印务有限公司
经销单位	新华书店
开　　本	787毫米×1092毫米　1/16
印　　张	12.25
字　　数	117千字
版　　次	2024年12月第1版
印　　次	2024年12月第1次印刷
定　　价	78.00元

（图书如有装订差错请与发行部联系）

前　言

职业教育作为教育体系中的重要组成部分，其核心价值在于培养适应市场需求、具备专业技能的高素质劳动者和技术技能人才。而区域经济作为国民经济发展的基础单元，其发展水平、产业结构、技术创新能力等因素直接影响着职业教育的发展方向与资源配置。因此，职业教育与区域经济之间存在着天然的互动关系：一方面，职业教育通过提供符合区域产业发展需求的教育服务，促进人力资源的有效开发与优化配置，为区域经济发展提供强有力的人才支撑；另一方面，区域经济的发展又不断催生新的职业岗位与技能需求，反过来推动职业教育的内容更新、模式创新及质量提升。

本书通过系统梳理国内外职业教育与区域经济互动发展的理论与实践经验，分析当前存在的问题与挑战，提出了一系列促进二者深度融合、协同发展的策略与建议。分析了职业教育体系如何更好地对接区域产业链、创新链，探索校企合作、产教融合的新模式；探讨了如何通过政策引导、机制创新等手段，激发职业教育与区域经济互动发展的内生动力；以及在数字经济、绿色经济等新兴经济形态下，职业教育如何转型升级，以适应并引领区域经济的高质量发展。

《职业教育与区域经济互动发展研究》不仅是对当前职业教育改革与区

域经济发展趋势的一次深刻剖析，更是对未来教育与经济融合共生、共同繁荣的美好愿景的展望。笔者期待本书的出版，能够引发更多学者、政策制定者及实践者的关注与思考，共同推动职业教育与区域经济互动发展迈向新高度。

著者

目 录

第一章 经济高质量发展的内涵、协同体系及运行机制 ……………………1

    第一节 经济高质量发展的理论渊源及实践演进………………1

    第二节 新时代经济高质量发展的内涵及协同逻辑……………4

    第三节 经济高质量发展的架构体系及运行机制………………8

    第四节 经济高质量发展的维度及度量…………………………12

第二章 创新驱动经济高质量发展的逻辑理论及脉络架构 ……………15

    第一节 创新驱动经济高质量发展的理论渊源及分析框架………15

    第二节 基于生产力主导视角的创新驱动力与经济发展…………19

    第三节 基于生产关系主导视角的创新驱动与经济发展…………22

    第四节 基于共生演化视角的创新驱动与高质量发展……………26

第三章 主要支撑理论及概念界定 ………………………………………30

    第一节 基本概念的界定……………………………………………30

    第二节 人力资本理论………………………………………………33

    第三节 区域经济与人力资本理论…………………………………39

第四节 马克思教育经济思想……………………………………41

第四章 对区域经济与职业教育发展和研究现状的系统分析……45

第一节 问题的提出和研究的意义……………………………45

第二节 国内外职业教育发展现状分析………………………48

第三节 对区域经济与职业教育研究现状的系统分析………56

第四节 区域经济与职业教育相结合研究发展趋势…………67

第五章 区域经济发展与职业教育………………………………74

第一节 区域经济发展经典理论………………………………74

第二节 区域经济发展与职业教育的相互关系………………87

第三节 区域经济与职业教育发展的协调性分析……………95

第六章 区域产业结构与职业教育………………………………105

第一节 产业经济经典理论……………………………………105

第二节 区域产业结构与职业教育的相互关系………………116

第三节 产业结构演变与职业教育发展的协调性分析………121

第七章 区域职业教育协同发展机制和策略……………………130

第一节 协同发展基本内涵和创新方式………………………130

第二节 区域职业教育协同发展机制构建的参与要素及其功能…136

第三节 区域职业教育协同发展机制研究……………………146

第四节 区域职业教育协同发展策略研究……………………155

第八章 职业教育与区域经济互动发展的政策建议 ………………… 167

第一节 地方政府应增强职业教育人才培养的前瞻性 ………… 168
第二节 构建多元化的职业教育集团化办学模式 ……………… 172
第三节 东、中、西部区域选择不同的职业教育发展策略 …… 175
第四节 职业教育可以成为终身教育的重要组成部分 ………… 179

参考文献 ………………………………………………………………… 184

第一章 经济高质量发展的内涵、协同体系及运行机制

第一节 经济高质量发展的理论渊源及实践演进

一、经济高质量发展的理论渊源

"经济增长"一般是指一个国家或一个区域在一段时期内产出或劳务的增加情况，用 GDP 来度量。"经济发展"不仅仅是指经济的发展，而且包括经济结构、社会结构、收入分配结构，如消费结构的优化与提升、人民文化程度的提升、期望寿命的延长、社会福利的增加、财富分配的减少，以及对生态环境的治理和改进。

纵观西方发展经济学的历史，初期的学者将经济发展与经济增长画等号，将经济发展看作依赖劳动力、资金、土地等生产要素的投入，随后的经济学家通过对经济发展与经济增长的区别进行分析，提出了经济发展除了经济增

长，还包括了经济结构的转变（这种转变既受到生产要素的影响，也受到技术进步、制度以及环境等诸多方面的限制）。自 21 世纪开始，发展经济学家在强调经济增长的同时，也更加注重发展的品质，提出了高品质的发展要求。创新经济学家熊彼特把创新看作生产方式的"质变"或"新组合"，经济发展的实质在于创新。

在马克思主义政治经济学的视野中，经济发展不仅包含着发展生产力的问题，而且还包含着与社会、自然的关系，其成果不仅体现在社会物质财富与精神财富的增加上，还体现在人自身的发展与需求满足水平的提高上。与此同时，马克思对商品双重属性的界定，强调交换价值（索取权），而使用价值（享受）则成为获取交换价值的一种手段，其根本原因在于，在市场经济发展初期，工具理性占主导地位，而社会生产力发展滞后的现实制约，使其"享用性"的属性受到压制。然而，随着社会经济的发展与时代的进步，市场经济这一最终从属于人民本质需求的本质属性会日益凸显。新的发展观，即"创新、协调、绿色、开放、共享"的发展思想，是新时期高质量发展的新要求，是衡量高质量发展是否实现的标准。此外，在新时期，要实现这些要求，还必须坚持以效率和质量为导向，也就是说，要体现质量第一、效率优先，从而推动质量、效率、公平和可持续发展。

二、经济高质量发展的实践演进

中华人民共和国成立 70 余年来，其实现了从农业国向现代化工业国的转变，从计划经济向社会主义市场经济的过渡，从注重数量增长向追求质量效

第一章　经济高质量发展的内涵、协同体系及运行机制

益的转型，从单一模式向多元化发展，以及从人与环境的矛盾对立向和谐共存的演进。这一系列转变，标志着中国从"以量取胜"向"以质取胜"的战略转变，值得我们深入关注。同时，中国 70 余年的发展历程，也是对马克思生产力理论的继承与创新，实现了从传统生产力向综合型生产力的转变，从全要素生产率的短视向长远发展的演进。在发展的路径与动因、模式与结构、战略与目标等方面，我们不仅在实践中探索出高质量发展的轨迹，也在理论上进行了深入的追溯。

党的十一届三中全会以来，我国迈入了一个辉煌的历史阶段。我们把发展和建设视为这一时期的核心任务，随之开启了改革开放的进程。自那时起，"发展是硬道理"的科学论断，"三个有利于"的评价标准，以及一系列配套的改革开放政策，共同构成了中国经济持续增长的强大动力。党的十八大是我国改革开放的一个重要里程碑，同时也是深化改革开放和推进改革的关键步骤。然而，中国仍处于社会主义初级阶段，发展依然是我们国家的首要任务，这一点尚未发生根本性转变。

党的十八届五中全会确立了"创新、协调、绿色、开放、共享"新发展理念，并对其进行了明确阐述；党的十九大报告进一步指出，要实现从高速增长向高质量发展的转变，并提供了新的解释。党的十九届四中全会强调："必须以新发展理念为指导，推动我国现代经济体制改革，坚持新发展理念，以创新为引领，驱动发展。"党的十九届五中全会则提出了"坚定不移贯彻创新、协调、绿色、开放、共享的新发展理念，推进高质量发展"的重大战略构想，并建议"坚持深化供给侧结构性改革，以改革创新为动力，以满足人民日益增长的美好生活需要为出发点，将发展与保障相结合，加速构建以国

内大循环为主体、国内国际双循环相互促进的新发展格局"。

在新的发展阶段，高质量发展的需求和目标赋予了发展新的内涵。第一，我们必须更加重视发展的质量，坚持把发展作为治国理政的根本，这表明发展是我们党的立国之本，是中国所有问题的基础和核心。在新时代背景下，我国经济社会发展应更加注重质量、效益和可持续性。第二，我们扩展了对生产力研究的范畴和内容，即从社会生产力的解放和发展高度，提出了以保护和提升生态环境为目标的生产力保障体系。第三，发展的重点发生了转移。尽管新时代我国的基本国情未变，但社会主要矛盾已经发生了变化，因此，经济发展的重心应聚焦于解决人民对美好生活需求不断增长与发展中存在的不平衡、不充分问题。

第二节　新时代经济高质量发展的内涵及协同逻辑

一、经济高质量发展的内涵

从"经济发展新常态"和"三期叠加"的概念，到党的十八届五中全会提出的"创新、协调、绿色、开放、共享"新发展理念，再到党的十九届四中全会作出的"我国经济从高速增长向高质量发展转变"的重要论断，以及强调"全面贯彻新发展理念，以供给侧结构性改革为主线，加快建设现代化经济体系"的战略部署，这些关键判断和论断的发展轨迹，主要旨在阐释中国经济发展的环境、条件、任务和要求等方面所经历的一系列变革。增长速度需要从高速增长调整为中高速增长，发展方式必须从追求规模和速度转变为注重质量和效益，经济结构的调整要从主要依靠增量扩张转变为同时优化存量和增量，从依赖要素和投资驱动转向创新驱动。本质上，中国经济正在向更高形态、更完善功能、更合理结构、更优化分工的方向演进，这标志着中国经济已经迈入了一个新的高质量发展阶段。

党的二十大对经济高质量的发展提出了明确的指导方针。

第一，高质量发展是全面建设社会主义现代化国家的核心任务。这表明，在新时代的新阶段，我国的发展必须遵循新的发展理念，追求高质量的发展。这既继承了"以经济建设为中心"和"发展是硬道理"的传统，又体现了与时俱进的精神，清晰地指出了我国未来社会经济发展的目标、任务和方向。

第二，高质量发展要求创新成为首要驱动力、协调成为内在特征、绿色成为普遍形态、开放成为必经之路、共享成为根本目标。这五个方面共同构成了高质量发展的核心内容和要求，彰显了以人民为中心的发展理念。

第三，加速构建新发展格局，促进高质量发展。这需要我们转变发展方式、优化经济结构、转换增长动力，提升全要素生产率，推动经济发展在质量、效率、动力上的全面变革。同时，我们还需大力解决制约高质量发展的结构性和体制性矛盾及问题。

第四，为了全面推进高质量发展，我们必须坚定不移地加强党中央的全面领导。只有坚持党的领导，我们才能确保高质量发展沿着正确的道路前进，更好地满足人们对美好生活的向往，并充分发挥党建在高质量发展中的政治引导和保障作用。

第五，中国的发展奇迹，必须建立在坚实的体制基础之上，必须拥有一套完善的、符合国情的、符合时代要求的、适应我国国情的发展战略。我们应在保持公有制主体地位的同时，推动多种所有制经济的发展，在以按劳分配为主体的基础上，结合多种分配方式，进一步巩固社会主义市场经济体系，以确保经济持续稳定地发展。

中国经济的高质量发展，是当前时代所面临的重大课题，它关乎我们选择何种发展路径。从高速增长向高质量发展的转变，已成为新时期中国经济发展的显著标志。这一转变强调了经济、社会与生态环境的和谐统一，体现了人与社会、经济及自然环境之间的包容性增长。

因此，新时期经济高质量发展的核心要义可以归纳为：从"规模扩张"向"结构优化"转变，从追求"速度"到注重"质量"，从"有无"向"优劣"提升。其本质在于实现更高的效率、更公平的分配和更可持续的发展，满足人民日益增长的美好生活需要。这一内涵不仅体现在经济、政治、文化、社会和生态文明的"五位一体"协调发展上，还体现在发展理念、发展特征、发展体系、发展路径、发展动力和保障机制六个方面的相互协同。

二、经济高质量发展的协同逻辑

经济高质量发展的内涵蕴含着六个层面内部要素的内在协同逻辑，主要体现在以下六个层面。

第一，"创新、协调、绿色、开放、共享"五大高质量新发展理念的相互协同，体现了将创新作为首要动力、协调作为内生性特征、绿色作为普遍形态、开放作为必经之路、共享作为根本目的的综合效应。

第二,"质量、效益、效率、公平、可持续"五大高质量发展的特征相互协同,强调了在坚持质量优先的同时,注重效益、效率、公平和可持续性的均衡发展。

第三,"质量变革、效率变革、动力变革"三大高质量发展路径的相互协同,以动力变革为驱动力,推动质量变革和效率变革的同步进行。

第四,"产业体系、市场体系、收入分配体系、城乡区域发展体系、绿色发展体系、全面开放体系"六大高质量发展体系的相互协同,涵盖了供给与需求、生产与分配、生产力与生产关系、经济与社会、自然资源与生态环境、改革与开放等关键环节或领域的协调。

第五,"使市场在资源配置中起决定性作用和更好发挥政府作用","市场机制有效、微观主体有活力、宏观调控有度","高质量发展保障的协同",体现了有为政府与有效市场之间的协同作用。

第六,"科技创新、体制机制创新"两大高质量发展引擎的相互协同,展现了双轮驱动的协同效应。

经济高质量发展的六个层面之间存在着紧密的协同逻辑,具体表现在:发展理念作为战略导向与政策,指导着发展体系的构建、路径的设计、动力的转化以及保障机制的设计;发展路径、发展动力与保障机制为实现发展制度与理念的落实提供了实施路径与支持保障;发展动力是推动发展路径、保证发展动力的源泉;而发展观念、制度、路径、动力和保障机制等方面则展现出不同的发展特点。这些协同机制还反映了新发展理念中"协调成为内生性特征"的逻辑协同,体现了生产力与生产关系之间的良性互动与协调。

第三节　经济高质量发展的架构体系及运行机制

一、经济高质量发展的架构体系

随着经济的高质量发展，现代化经济体系宛如一个有机体，它由各个部分、层次和领域间相互作用和内部联系构成一个统一的整体。这个体系包括产业体系、经济体系、社会发展、科技进步、教育文化、民生福祉以及生态环境七大核心要素，它们共同构成了社会经济系统。高质量发展的关键在于理解这些要素的结构、功能、内在联系，以及它们在社会经济大系统各个领域、层次和环节中的运作规律，这对于构建高质量发展的制度框架与运作机制至关重要。

在经济高质量发展阶段，体系框架下的运行机制，本质上旨在解决当前经济发展的三大核心问题，并在此基础上提供有效保障。首先是解决结构不平衡的问题；其次是解决发展动力不足的问题。其中，制度改革与创新是解决上述三大难题的重要保证。政府与市场的关系，涉及经济增长与社会发展、深化改革与维护稳定之间的关系，是中国经济改革与社会发展进程中不断探索的重要课题。

中华人民共和国成立以来的70多年间，在改革开放前实行计划经济体制，以国民经济计划为动力，奠定了坚实的国民经济基础和工业化基础。改革开放后，中国由计划经济转向市场经济，取得了举世瞩目的成就，形成了所谓的"中国模式"和"中国经验"。这一模式和经验体现在以市场化改革为目标和前提下,处理好计划与市场的关系,构建中国特色社会主义市场经济模式,这与西方理论范式有所区别(任保平,2019)。中国在过去40多年的改革开放历程中,经济发展、城市建设和社会民生取得了举世瞩目的成就,这是"有为政府"与"有效市场"相结合的必然结果,也是中国特色社会主义市场经济的必然选择。

综上所述,回顾中国经济体制改革历程、总结经济建设经验可知,政府与市场是共生互补的关系,绝非此消彼长。只有将"让市场在资源配置中起决定性作用"与"更好发挥政府作用"相结合,实现"有为政府"与"有效市场"的协调配合,才能构建起市场机制有效、微观主体有活力、宏观调控有度的经济体系。这不仅是实现经济发展质量变革、效率变革、动力变革的有效路径,更是确保经济高质量发展系统平稳运行、协同高效运转的重要保障。

当前,"有为政府"与"有效市场"是破解经济领域发展质量与效率、自主创新能力、实体经济竞争力、生态环境保护等可持续发展挑战的关键,也是解决教育、医疗、就业、居住、养老等民生领域不平衡、不充分问题的关键。

二、经济高质量发展的运行机制

经济高质量发展的运行机制有以下三个方面。

第一,为解决不平衡与不充分的发展矛盾,我们必须将经济建设作为中心,推动全面协调发展。自改革开放以来,中国在经济社会发展方面取得了令人瞩目的成就，其中关键经验之一便是始终将经济建设置于核心位置。目前，我国社会的主要矛盾已演变为人民日益增长的美好生活需要与不平衡、不充分的发展之间的矛盾，而高质量发展正是解决这一矛盾的关键路径和战略方向。面对不断变化的社会主要矛盾和经济发展形势，我们必须继续坚持以经济建设为中心，将发展作为首要任务，遵循"五位一体"的总体布局，以高质量发展为战略导向，促进经济社会持续健康地发展，实现全面进步。

"创新、协调、绿色、开放、共享"五大发展理念，彰显了高质量发展的核心特征：质量、效率、公平、可持续性。这些理念指导我们以经济建设为中心，构建现代化经济体系，并促进科技、社会、教育、文化、生态环境等领域的良性互动。通过这种方式，我们能够实现民生共享、环境共生、生态共建、开放共进，同时提升人文素质和综合国力，确保全面发展和可持续发展。

对于一个国家而言，实体经济是其立足之本，而现代化经济体系则是构建现代化强国的经济基石。因此，将经济建设放在首位，我们必须强化实体经济的发展方向，为建设创新型国家奠定坚实的基础。

第二，构建以产业系统为轴心的"五链融合"发展格局，致力于解决结构性不平衡问题。当前，我国经济面临显著的结构性失衡，包括实体经济供需失衡、金融与实体经济脱节、房地产与实体经济不协调等。具体而言，实体经济的结构性问题体现在制造业高端化和产业链升级不足，产业组织结构不合理，产品供需结构不匹配，服务业高端化发展滞后，服务业增长速度与效率不相称，以及产业结构演变中的"反库兹涅茨化"趋势。

因此，以创新为先导，推动各行业间的协同发展，是构建现代经济体系

第一章　经济高质量发展的内涵、协同体系及运行机制

的关键环节。为了加速现代化经济体系的建设，必须通过供给侧结构的优化来推动我国经济的发展。通过深化人才、技术、资本等关键生产要素的供给质量和协同合作，实现质量、效率、动力三大高质量发展路径，提升资源配置效率和全要素生产率。这不仅在短期内促进了实体经济的增长，而且从长远来看，同样具有积极影响。提升一个行业的经济发展水平，还能促进人才素质的提升，优化人才结构，提高金融服务实体经济的能力，完善金融市场结构，从而进一步增强了创新驱动发展的相互作用和协同效应。党的十八大以来，我国大力实施创新驱动发展战略，构建国家创新体系，并推进"三链融合"，这已成为我国创新体系建设的重要举措。

在构建以实体经济、科技创新、现代金融、人力资源协同发展为核心的现代经济体系过程中，"五链融合"——产业链、创新链、资本链、人才链、价值链的融合，是高质量发展阶段"三链融合"的进一步升级。产业经济的创新能力和竞争力提升，不仅取决于产业链高端化发展及其带来的价值链位置和附加值提升，还取决于其对全球价值创造的贡献和获取能力。

第三，强化科技人才的双重支撑作用，加强创新驱动，以解决发展动力不足的问题。科技创新能力是国家实力的核心，而综合国力竞争的核心在于人才。在推进"五位一体"的总体建设和七大战略的过程中，将"科教兴国"和"人才强国"置于首位，这一点明确地表明了科学技术是创新发展的核心动力，而人才则是创新发展的首要资源。创新驱动发展的核心要素包括科学技术和人才，同时，科教兴国、人才强国以及创新驱动发展三大战略，为其他各项战略提供了坚实的保障和支持。从技术层面来看，无论是生产要素的高级化、供给质量的提升、生产效率的增进、资源配置模式的优化、产业的

转型升级还是社会的发展，科技创新都扮演着至关重要的角色。从人才层面来看，科技创新的主体不仅是科技创新的主导力量，也是创新活动的核心。从中观层面观察，我国企业在全球范围内实现了从低附加值到高附加值的跃升；从宏观层面来看，这一过程将对我国的经济发展产生积极的影响。总体而言，无论是新经济增长理论中关于知识和人力资本对经济发展的推动作用，还是人力资本积累与研发资本积累促进技术进步进而实现经济增长的内生成长路径，抑或是创新体系理论中技术、人才等创新要素之间的相互作用，这些都强有力地展示了科技与人才在创新驱动发展中所起到的关键支持作用。

第四节　经济高质量发展的维度及度量

高质量发展的核心理念在于追求效率、公平以及绿色可持续性，旨在满足人民对美好生活的不断增长需求。强调经济、政治、文化、社会和生态"五位一体"的协调发展，是构建和谐社会的必然要求。在新时代背景下，中国将高质量发展作为主线，通过评估其特征与品质，深入理解高质量发展的核心要义。无论是在发展进程之中还是之外，对质量的评估始终是一个动态变化的过程。在这一新的历史阶段，我国关于高质量发展的指标体系、政策体系、标准体系、统计指标体系以及政府绩效评价体系，已经引起了学者们的广泛关注。

尽管学术界与政策领域已对高质量发展内涵展开广泛探讨，但该概念的定义仍有待进一步明确，具有中国特色的现代经济理论体系也需持续深化与完善，与之相关的衡量维度和评估体系仍处于探索阶段。在此背景下，科学合理地设计经济高质量发展的指标体系与衡量标准就显得至关重要。目前，学术界已对经济高质量发展的评价思想及指标体系进行了系统梳理与总结，形成了"系统观""内涵观""过程观""综合观"等不同视角。整体来看，内涵观在相关讨论中占据主导地位，而在具体指标体系的构建与选择方面，这四种视角均围绕高质量发展的核心内涵展开，既各有侧重点，又存在相互交叉之处。

在对国内外学者提出的经济高质量发展的测量尺度与评估指标进行彻底梳理之后，通过深入分析其协同机理、运行结构和运行机制，可以明显看出该理论尚需进一步地补充与完善。第一，现行的评估指标未能充分反映全面、协调、可持续发展的高质量发展核心理念。新发展观强调了"以人为本"的协调与可持续性，而"和谐"是实现高质量发展的关键动力。因此，必须从产业、社会、金融、科技创新、教育文化、生态环境等多个维度进行综合评估。第二，构建一个实体经济、科技创新、现代金融、人才等关键要素协调发展的产业系统，以解决我国经济高质量发展面临的主要问题：其一，实现实体经济、科技创新、现代金融与人才等关键要素的协调发展，促进要素间的高效流动与深度融合，避免出现"脱实向虚"等结构性失衡问题；其二，注重各要素发展的动态平衡与适配性，建立动态监测与反馈机制，依据经济社会发展的阶段性特征和外部环境变化，及时调整要素投入与协同策略，确保产业系统的韧性与可持续性。

然而，这一点在现行体系中尚未得到充分体现。此外，从地方政府的角度来看，经济高质量发展评估体系应成为未来区域经济发展政策制定的方向和参考依据，它应具备一定的区域异质性。例如，近年来广东省在创新驱动发展方面取得了显著成效，区域创新能力连续三年居全国首位。然而，广东省也面临着区域经济发展极不均衡、不协调以及高等教育发展实力与创新驱动发展之间的矛盾等问题。与其他地区相比，广东省将继续发挥创新驱动的优势，持续提升经济效益与效率，并更加注重协调发展与可持续发展。因此，本项目计划从系统观视角下的子系统协调发展视角、经济高质量发展内涵与特征、高质量发展路径（质量转型、动力转型、效率转型）的视角，构建经济高质量发展测度维度和评价指标体系。只有这样，才能充分发挥我国经济高质量发展测度体系对现实发展进程的监测与导向作用，为我国经济高质量发展评价体系的设计与实践提供思路与指导。

第二章 创新驱动经济高质量发展的逻辑理论及脉络架构

第一节 创新驱动经济高质量发展的理论渊源及分析框架

一、创新驱动经济高质量发展的熊彼特增长理论

哪些因素决定了一个国家经济的增长与发展,一直是理论界和实践界共同关注的问题。熊彼特(Schumpeter)的"创新"理论提出,创新活动和创业精神是经济增长的内在动力,揭示了经济发展的本质是创新的规律。然而,该理论更多地关注生产方式的变革以及企业家在其中的作用,却忽视了由生产发展引起的生产关系变革(制度变迁)及其重要性(代明等,2020)。以索洛(Solow)为代表的新古典增长理论和以舒尔茨(Schultz)为代表的人力资本理论,提出了以知识积累和技术进步为基础的内生经济增长模型,强调技

术进步是资本和人力资本投入研发（R&D）活动的结果。内生增长理论为促进经济增长提供了重要的理论支持，但对影响因素、作用机制以及国家和地区的差异缺乏深入研究。因此，20世纪80年代以来，纳尔逊（Nelson）、罗默（Romer）、卢卡斯（Lucas）、阿洪（Aghion）等学者，基于熊彼特的"创新"理论，结合内生增长和演化经济学的理论，从不同角度考察经济增长的影响因素和机理，探讨不同经济体的发展路径和差异，从而形成了新熊彼特增长理论。

二、创新驱动经济高质量发展的马克思主义理论分析框架

让我们再次深入探讨马克思的相关理论，这些理论的演进在不同层面上揭示了马克思主义如何在生产力与生产关系、经济基础与上层建筑之间，以及科学技术与经济社会发展之间建立联系。同时，它强调创新是解决社会基本矛盾的关键途径和方法。与熊彼特增长理论相比，马克思的理论立足于社会进步和人类解放的宏观视角，采用历史唯物主义和唯物辩证法作为方法论基础。他围绕生产力与生产关系、经济基础与上层建筑两个核心关系，以及"人—自然—社会""科技—社会变迁—人类发展""技术创新—制度创新"等相互作用和内容，将经济增长理论与社会发展理论紧密融合，构建了一个有机统一的整体。这更准确地反映了高质量、高效、公平、可持续的经济发展内涵，为创新驱动发展的全面创新图景和高质量、包容性增长的方向提供了宝贵的参考。

经过40多年的快速发展，中国取得了举世瞩目的成就，GDP跃居全球第

二位，成为世界第二大经济体。作为"金砖五国"之一，中国在《全球竞争力报告》中占据重要地位。根据世界知识产权组织的排名，中国在世界创新指标中位列第十四，是唯一跻身全球创新30强的发展中国家。《博鳌亚洲论坛创新报告2024》指出，亚洲在全球科技创新中的地位日益凸显，已逐渐成为全球研发和创新密集区域，科技创新集群数量和质量得到明显提升。2023年，排名前100的科技集群主要集中在东亚、西欧、北美，其中东京—横滨是全球最大、表现最佳的科技集群，而粤港澳大湾区科技集群在产业科技攻关中越发得到国际认可。在专利申请方面，以中国、日本、韩国为代表的东亚地区优势显著，合计占全球专利申请总数的62.6%。中国更是专利申请和授权数量最多的国家，2023年申请量达167.77万件，授权量为92.08万件。

然而，我国经济增长模式和过程仍面临诸多挑战，如质量与效率不高、城乡发展不均衡、传统动力减弱、结构失衡、科技与经济一体化水平不足、创新系统效率低下以及产业和创新方面的矛盾等问题，迫切需要在增长动力、增长结构和增长质量上进行转型。

党的十八大以来，我国出台了一系列制度，大力推进创新驱动发展，促进了高质量发展，并致力于建设创新型国家。围绕"坚持双轮驱动、建设一个体系、推动六大转型"的新发展动能体系，从"加速实施创新驱动发展战略，增强对现代化经济体系的战略支持"，到"坚持并健全中国特色社会主义制度，推动国家治理体系现代化"，我们以科技创新和制度机制创新为双轮驱动，以国家创新系统与治理系统为双系统支持，推动高质量发展和建设创新型国家的格局。该模型基于马克思主义的立场、观点和方法，以及科学社会主义理论，对科技创新与经济发展的深度融合、有效市场与有效政府的协同、技术经济范式与体制系统优势的协同等问题进行了理论探讨和理论发展，体现了习近平新时代中国特色社会主义思想中创新驱动发展理念的重要内容，并对推进高质量发展、建设科技强国和经济强国进行了深入的理论探讨。

在此基础上，提出了"以人为本"的理念，并从四个维度展开论述。该课题基于中国创新驱动发展的实际经验，结合我国创新型国家的实际情况，提出了"多元参与、多元互动、多中心、网络化"的创新治理模式，并以"全方位、系统性、协同"的新发展动能系统为研究对象。基于"双轮驱动"和"双重体系支持"的观点，以及二者之间的相互关系，构建了基于"两个体系支持"的创新驱动型高质量发展的理论依据和马克思主义的理论研究架构。

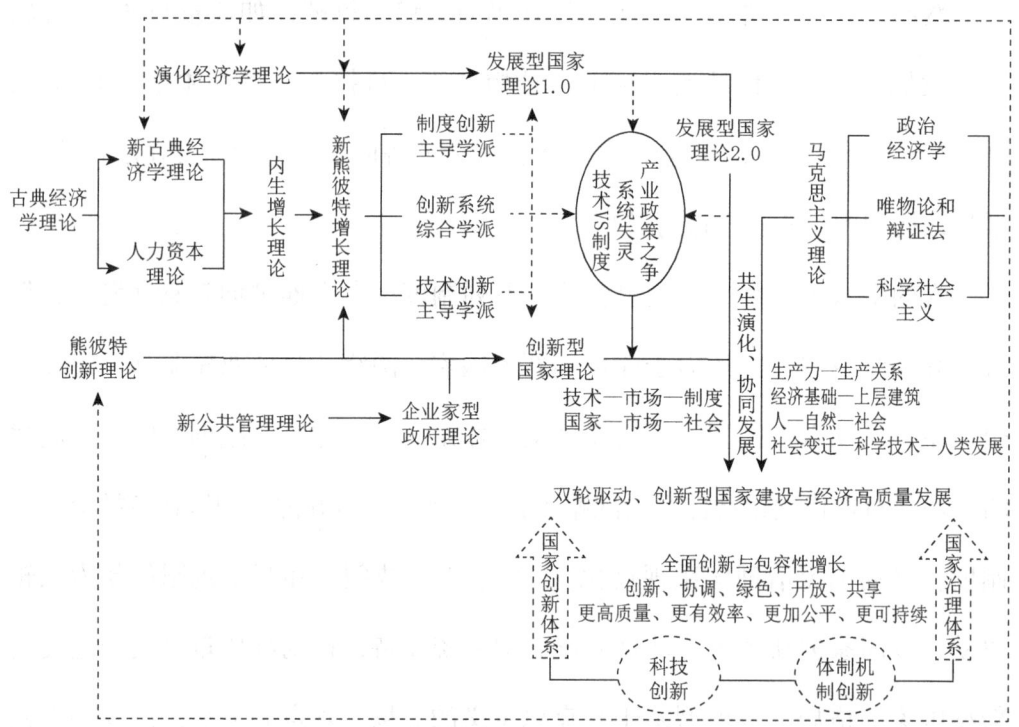

图 2-1 创新驱动经济高质量发展的理论渊源及分析框架

第二节　基于生产力主导视角的创新驱动力与经济发展

一、经济增长理论：从外生增长到内生增长

著名的柯布—道格拉斯生产函数揭示了劳动和资本是创造社会财富的两个核心要素。该函数及其研究成果为世界各国在不同经济发展阶段的政策制定与实践探索提供了重要的理论依据。20世纪50年代，索洛（1957）基于柯布—道格拉斯生产函数对技术进步与全要素生产率进行了分析，提出美国经济增长的主要动力并非仅来自劳动力与资本，而是包括知识、技术在内的多种生产要素的综合作用（"索洛余值"或"索洛残差"）。索洛余值凸显了技术进步在经济增长中的关键作用，然而将技术进步视为外生变量，并不能充分解释不同地区经济增长速度的差异。

20世纪80年代，罗默（1986）等人提出了技术进步的内生化理论，认为技术进步是研发投资和人力资本投入的结果。新古典内生增长理论强调，发展中国家在经济发展过程中，不应仅依赖劳动和资本的增长，而应更加重视研究、开发和教育等领域的活动。这一理论已成为发展中国家经济增长的理论基础，但对中国创新驱动发展的指导作用尚显不足。在理论逻辑上，新古典内生增长理论主张国家应通过增加研发投资来推动技术进步，但其未能深入探讨影响因素和作用机制，因此难以提出高质量和高效率的政策建议。

从中国的实践来看，改革开放以来，政府一直致力于增加研发投入，以提高科技成果的产出，有效推动了经济发展。然而，长期存在的科技与经济"两张皮"现象导致科技成果转化效率低下，技术创新成果带来的产量增长难以抵消其对生产投入的占用，这对经济增长产生了不利影响。近年来，随着中国经济进入新常态，国内经济增速放缓与研发投入增速持续上升之间出现了不匹配。上述内生增长理论无法解释的机制或现象，其模型中隐含的制度假设与中国现实相悖，同时"投入—研发—产业化"之间的脱节也暴露出相应问题。

二、创新经济学理论：从技术创新到国家创新系统

随着创新理论及其后续研究的发展，创新经济学理论逐渐受到学术界和企业界的广泛关注，并在以下领域展开深入探讨。首先，研究者们沿着技术创新或扩散的内部轨迹，对创新过程进行了深入分析，从而形成了技术扩散模式理论、技术扩散理论以及技术创新过程理论等。其次，从技术创新主体的复杂性、要素复杂性和过程复杂性三个维度出发，对技术创新系统进行了全面研究，进而构建了创新系统理论。最后，基于前两个方向的研究成果，研究者们将视野拓宽至制度、环境等外部变量，逐渐将研究重心转移到制度变革与创新之间的关系上，从而催生了制度创新经济学理论。与前二者相比，该理论特别强调制度创新在经济增长中的决定性作用，颠覆了传统创新理论中技术创新的主导地位。因此，本研究课题将从生产关系主导的视角进行深入分析。

第二章　创新驱动经济高质量发展的逻辑理论及脉络架构

技术扩散理论关注技术的研发时间和影响因素，而技术创新过程理论则主要聚焦于特定创新模式。对技术扩散与创新模式的研究，对于微观创新领域如何加速科技成果转化与应用，具有重要的理论价值和实践意义。

20世纪80年代末，随着知识经济时代的到来以及创新环境的日益复杂化，创新要素之间的相互作用变得更加频繁。一些学者开始将系统科学与演化经济学相结合，对创新活动进行了更为深入的研究，最终形成了一个包含技术创新体系、产业创新体系、区域创新体系和国家创新体系四个层次的创新系统理论。

技术创新体系是在既定的制度框架内，特定产业在技术的生成、传播和应用过程中所形成的主体网络的演变过程。其核心内容涵盖了系统的特性、结构、功能以及经济效应等方面。这项研究拓宽了技术创新研究的视野，学者们开始采用跨学科的方法来探讨技术创新对经济增长的影响。然而，由于受"具体制度框架"的限制，政策和制度等要素尚未被整合进分析框架内，这导致了对这些因素的作用程度和作用机制的重视不足。

弗里曼（Freeman）首次提出了"国家创新系统"的概念，强调了核心企业、产业结构、政府（政策制定者）以及高校（教育培养单位）四大关键要素对创新系统的影响。纳尔逊认为，企业、学术界（包括高校和科研机构）、政府及其相互间的互动是核心，侧重于宏观调控与制度安排的探讨，这已成为晚期制度创新与进化经济理论的主要体现。伦德瓦尔（Deval）提出的"国家综合创新系统"是一个包含研发、生产、服务和投资系统的综合性系统，突出了其系统架构。在中观的地区或产业层面，通过国家和微观两个层面的实证研究，形成了区域创新系统和产业创新系统。本质上，这二者都基于

"技术—市场—制度"的框架,并向不同领域和方向扩展,与区域经济增长、区域创新能力和创新能力相互作用。

与传统创新主导学派和制度创新主导学派不同,创新体系的本质特征是将经济思想融入创新体系,强调了"技术—市场(产业)—制度创新(政府)"之间的相互作用和共生演变,为创新驱动发展提供了有益的见解。特别是,从宏观经济增长和国家创新发展的角度,探讨了技术创新行为和网络体系对宏观经济增长和国家创新发展的影响力。"技术创新的供给—高技术行业的需求—科学体制(政策)的创新"是全球科技大国(区域)发展过程中的核心问题。

由于技术创新过程的不确定性、创新网络系统的复杂性以及各要素间交互作用的多层性,系统运行过程中存在诸多问题,不能有效地支撑知识(技术)的研发、扩散和应用,从而导致一系列系统性失效。因此,制度失效现象及其成因也是我国创新政策设计和国家及区域创新系统建设中需要重点关注的问题。

第三节 基于生产关系主导视角的创新驱动与经济发展

一、制度创新经济学理论:制度变迁与适应性效率

自20世纪70年代起,学者们开始将制度因素融入分析框架,以解释经

济增长,这奠定了制度创新经济学的研究领域和理论基础。戴维斯(Davis)提出,制度创新是指能够为创新者带来额外收益的制度变革,它对经济增长具有决定性影响。罗顿则认为,制度创新对经济增长至关重要;若现行制度无法促进经济社会发展,新制度的建立将避免经济停滞。纳尔逊通过分析世界经济发展历程,归纳出促进技术创新的关键性制度变革,例如,私有产权制度、市场经济体制、企业法人制度、企业研发内生化机制,以及政府对技术创新的财税支持和风险投资等。这些制度已成为西方发达国家创新政策和战略的核心部分,并为发展中国家提供了宝贵的经验。

为了深入研究其动力、机制和模式,学术界以"旧体制失衡—新体制改革—新体制平衡"的演变路径为主线,以"制度转型"为核心,进而发展出一套"旧体制失衡—新体制平衡"的演变理论。诺斯提出了"路径依赖"这一概念,它是由市场不完善与激励机制的相互作用所驱动的。所谓"路径依赖和锁定",是指由于收益递增,制度变革可能产生意料之外的后果,既可能进入一个正反馈循环并得到进一步强化,从而形成"路径依赖",也可能陷入一个虚假的平衡状态,导致"无效锁定"。要打破"路径依赖"或"无效锁定",就需要通过自下而上的引导(需求)和自上而下的强制(供给)两种途径来实现。

制度创新学派过分强调制度创新在经济增长中的主导作用,挑战了马克思主义生产力决定生产关系的基本原理,并质疑了创新经济学和内生增长理论中技术创新的主导地位,从而引发了理论上的争议。然而,撇开这些争议不谈,其分析框架和思路仍具有重大意义,尤其是其"适应性效率"理念为我国经济创新发展的制度变革提供了重要启示。

"适应性效率"研究的是制度结构对经济环境变化的适应性(即变革有效性),其对应的组织创新能力和学习能力是确保转型有效性的关键。"适应性效率"是研究制度变革与长期经济表现的关键工具,它将"制度设计—提升适应性效能—经济增长—适应性效能降低(路径依赖与锁定)—制度创新转变(创新)"这一理论框架融入我国创新驱动发展体系的变革。当前,中国经济增长速度与研发增长速度之间存在"失灵"与"支持"的矛盾,追根溯源,其本质在于"体制适应性"存在欠缺。

二、演化经济学理论:从技术经济范式到社会技术范式

在探讨技术创新与制度创新哪个更能促进经济增长的问题上,制度创新理论与内生经济增长理论之间存在分歧。同时,随着创新活动与创新环境的日益复杂化,学者们开始借助生态共生与进化理论,深入研究技术创新、经济发展与社会变革之间的内在联系,进而催生了演化经济学理论。

纳尔逊等学者将制度经济学的思维与熊彼特的创新理论相融合,对经济变迁的演进过程进行了系统性的审视,奠定了演化经济学的基础理论,并吸引了广泛关注。纳尔逊通过引入"惯例"这一概念,将制度经济学与演化经济学紧密联系起来。他提出,交易是由"物质技术"(各类生产要素)和"社会技术"(各类生产关系、制度)共同构成的。二者之间的联系主要体现在两个方面:一方面,社会科技为科技活动提供必要的支持与保障;另一方面,物质科技为创新活动创造条件。在这些因素中,物质科技发挥着主导作用,而科技成果则成为推动发展的关键。由此,我们见证了一种以科技成果为导

向的新模式的形成。

演化经济学家佩雷斯（Perez）首次提出了"技术—经济范式"这一概念，并利用它来分析技术与制度变迁之间的相互作用和关系，首次揭示了技术创新与金融资本的基本范式。技术—经济范式是对技术创新与社会转型内在规律与演化机制的深入解构。然而，仅从这一角度仍不足以解决"技术—经济域"与"社会—制度创新域"之间不匹配的矛盾。随后，学者们开始将宏观因素纳入技术—经济范式，试图对二者之间的关系进行更深层次的分析，从而拓宽了"技术创新—产业转型—社会转型"共生演化与协同发展的研究路径。

吉尔斯（Giles）提出，技术体系转型的动力源自突破性创新与渐进式创新的共同作用，这一过程本质上是"社会—技术体系"和"技术—社会视角"相互影响的协同演化。他构建了一个多层视角分析框架，即"生态位—社会—技术体系—社会—技术视角"，将社会技术的演进划分为以下三个层次。

（1）在微观层面上，技术生态位得以孕育、萌生，并获得一定程度的保护。

（2）新技术在中观社会技术体系中发生、演化，并对体系产生影响，最终成为新社会技术体系的主导技术。

（3）宏观层面上的社会—技术视角，对中观层面的社会—技术转型和微观创新行为施加压力或提供机遇窗口。

基于此，吉尔斯将多层互动、协同演化的MLP思想与战略生态位管理理论相结合，开辟了新的创新研究领域。其核心理念是创建一个地方性的政策保护空间，通过生产者、研究者、使用者、政府等主体的渐进式试验、学习和试错机制，选择、培育新技术，帮助其跨越"死亡之谷"，实现产业化，从而打破旧有技术体系的路径依赖和锁定。

本项目以"技术—经济域"和"社会—制度创新域"为主线，从微观、中观到宏观层面阐释技术创新与产业变革、社会制度变革的内在机制，强调"共生演化与协同发展"的理念。这为政府主导的重大工程、颠覆性技术、新能源技术等领域的研发、孵化和产业化提供了重要启示。同时，微观创新载体（如孵化器、新型研发机构、众创空间等）和中观制度安排（如高新区、创新试验区）对国家创新系统和区域创新系统的构建与运行具有重要的参考价值。

第四节　基于共生演化视角的创新驱动与高质量发展

一、发展型国家理论：超越扶持悖论和产业政策之争

自 20 世纪 80 年代起，国际学术界对产业政策的讨论经历了三个阶段：20 世纪 90 年代前的繁荣期、20 世纪 90 年代至 2008 年金融危机的沉寂期，以及 2008 年金融危机以来的复苏期。最初，产业政策旨在纠正市场失灵，即政府通过政策干预来引导资源配置和企业行为，进而影响产业发展的方向。在产业政策的引领下，国家通过制定产业发展规划、加强基础设施建设、实施重大科技计划、提供财政补贴以及信用扶持等手段，有效地引导和集中资

第二章 创新驱动经济高质量发展的逻辑理论及脉络架构

源。这些措施促进了产业的技术创新，进而使产业结构变得更加合理和高端化。日本、德国等发达国家的经验表明，工业政策对于推动我国工业经济的发展起到了至关重要的作用。

然而，一些学者在研究中国战略性新兴产业的发展过程中，指出了"政策支持悖论"现象，即在产业发展的初期阶段，产能过剩现象与政策支持并存，"政策一出则发展，政策一变则衰退"，以及区域间产业发展的低水平重复。李苗苗的研究表明，这种现象在相关产业研发的财政科技投入和市场培育的财政补贴方面，对民营资本产生了挤出效应，导致企业对政府投入和政策产生了依赖。韩超在分析政策支持悖论的根源时，指出"政策失败"往往是因为政府未能制定出符合经济规律的政策，或者即便政策符合经济规律，却缺乏有效的组织能力确保政策的执行。综合学者们的研究成果和实际情况，李胜会和韩永辉认为，造成上述现象的原因主要有三个：第一，政府过于乐观和自信，容易导致"好心办坏事"的结果；第二，为了追求短期的政治绩效或政治资本，政府可能不顾当地经济社会的实际情况或市场经济的发展规律，制定出短期或局部有利于当地经济发展的产业政策；第三，政府的"有效行政"能力不足，难以有效控制和使用政策资源和工具。

本项目以产业政策的有效性及其悖论根源为研究切入点，围绕"有为政府"和"有效市场"的论争，重新聚焦传统市场经济与计划经济的辩论，引发了以张维迎、林毅夫等学者为代表的"产业政策论战"。对此，政府也作出了回应，一方面肯定了产业政策的重要性，另一方面强调了政策中存在的问题需要关注和解决，但并未给出明确的结论。

二、创新型国家理论：创新治理体系改革与失灵现象综合治理

在深入分析"系统失灵""网络失灵""制度失灵"之后，本文构建了一个以"制度失灵"为核心的理论框架，并据此提出了一系列对策建议。然而，在微观层面，对于技术—经济范式、社会—技术系统的失败，以及政府与市场、政府与社会互动的复杂性，目前尚缺乏全面的理论探讨和实践指导。回顾20世纪70年代新公共管理运动，我们见证了"服务型"和"公司式"两种政府机构模式的兴起；到了20世纪90年代，以企业家精神为指导的"企业家式政府"（Hood，1991）成为焦点。其提出的"三大导向"——产出导向、顾客导向和服务导向，以及"两大原则"——效益和品质，还有"以企业经营方式治理政府"的理念，为我们当前的体制改革和解决各种失败问题提供了宝贵的参考价值。

马祖卡托（Mazzucato）提出的"创新国家理论"与传统的创业政府理论形成鲜明对比，为公共管理和政府机构改革提供了一个新的分析框架。该理论主张，国家在创新过程中的角色不应仅限于通过宏观调控和干预来纠正市场和制度的失灵，而应更进一步成为创业精神的体现者、风险的承担者，以及市场塑造和创新的推动者。国家应构建以企业家精神为主导的制度和协同机制，以解决"风险社会化、利益私有化"的机制失衡问题。此外，创新国家理论强调，国家应采纳创新驱动和智慧驱动的发展模式，其发展策略和政策应致力于创造新技术、新产业和新市场，从而推动经济结构转型。

第二章　创新驱动经济高质量发展的逻辑理论及脉络架构

为了适应这一理论，政府改革应涵盖三个主要方面：首先，加强政府自身的建设，确保其具备强大的政策制定能力；其次，政府内部组织结构应具备试错性、学习性和适应性；最后，政府应与私营部门建立信任关系和协同机制，以强化双方的合作。

马祖卡托在其研究报告中指出，美国在创新方面的政府干预实际上非常深入，但往往以"国家安全"和"能源安全"为名，掩盖了其经济和政策的本质。因此，一些学者提出了"隐性发展国家"或"新发展型国家"的概念，以区别于东南亚发展中国家的集中式扶持政策。美国更倾向于建立政府与企业之间的紧密协作机制，形成多元治理而非单一行政机构主导的创新政策网络和系统。政府的干预行为与各类创新主体的合作机制和市场机制被有机地融合和隐藏，为国家创新系统的建设提供了坚实的支撑。本研究基于美国政府过去30年创新政策体系与网络系统的演变轨迹，以及我国在重大与新兴技术研发孵化、市场培育与创新创造方面的支持力度与成效。

从学习型政府向创新（企业家）国家的转变，本研究揭示了政府在推动创新发展中的核心作用。然而，提升我国治理能力、提升制度化水平，以及在"国家—市场—社会"三个维度上构建高质量创新网络系统，这些问题亟待解决。通过比较创新领域失效现象的理论基础和思路阐述，我们观察到在新一轮技术革命与产业转型背景下，全球创新模式经历了显著变化。这表明，仅从单一视角进行理论解释和政策制定存在局限性。

第三章 主要支撑理论及概念界定

第一节 基本概念的界定

一、职业教育

职业教育不仅向普通高中毕业生敞开大门，同样也欢迎职业院校的毕业生。在培养目标上，职业教育致力于打造既具备技术应用能力又擅长直接操作的人才。通常情况下，职业教育的学制为3年，毕业时授予专科学历。课程设置方面，职业教育既要满足特定职业的实际工作需求，也要传授相关职业领域的理论知识。

二、区域经济

"区域"这一术语最初源自地理学领域，《简明不列颠百科全书》将其定义为:"选择与某一特定事物相关联的特征,忽略不相关的特征,地域的边界由地球表面各部分的同质性和内聚力决定,区域可以通过单一或多种因素来界定。"本质上,区域是一个抽象概念,只有当它被赋予特定特征时,才能变得具体化。地域是一个持续演变的结构,它必须适应研究课题所提出的需求。区域的划分应基于研究问题的性质,鉴于本书专注于区域经济背景下的职业教育,因此本文采用经济学家的定义来界定区域,即"区域是一个国家中具有经济特色的地区",而区域经济指的是"一定区域内经济发展的内在因素和外部条件相互作用所形成的生产综合体"。各地区的经济发展受到其自然条件、社会经济状况以及科技经济政策的制约。自然条件(如水、热、光、土地、灾害频率等)对区域经济发展具有显著影响作用;在特定的生产力发展水平下,资本、技术和劳动力等要素限制了一个地区的经济发展水平,同时技术—经济政策对地区的经济发展也起着关键作用。

区域经济是从地理学角度对经济发展进行综合研究的概念。它揭示了区域资源开发和利用的现状以及存在的问题,特别是在矿产资源、土地资源、人力资源和生物资源的合理利用方面,重点在于区域生产力布局的科学性和经济效益。区域经济效应不仅体现在经济指标上,还应将区域生态效益与社会整体经济效益相结合。

三、区域经济的划分

依据区域划分原则,同时考虑行政区域与功能区域划分的结合,以及社会影响因素,这两种标准并非相互排斥,而是可以相辅相成地应用。根据不同的标准，人类社会的生存和发展空间可以被划分为不同的地理区域。例如，依据地理特性，可以划分为自然地理区域；依据国家行政权力的范围，可以划分为行政区域；依据人类经济活动的范围，则可以划分为经济区域。

区域经济所涵盖的空间范围可以是广泛或有限的。在广义上，区域经济涉及一个国家内特定地区的经济活动，或者是由多个国家组成的经济共同体或经济圈，如欧盟和北美自由贸易区。在本研究的语境下，区域经济特指国内的狭义区域经济，这类区域经济是通过均质化方法，将生产力发展水平与地理位置相结合，并参照行政区域的划分，将国家细分为若干个经济区域。自20世纪70年代起，我国的生产力布局已从沿海地区向内陆地区转移，形成了大规模的经济技术基础，并呈现出东部、中部和西部三个具有显著差异的阶梯状经济区域。目前，对我国影响最深远的经济区划依然是东、中、西三大区域的划分，尽管理论界对于这三个区域的具体地理范围仍存在一些争议，但本书对此进行了划分。

东部地区包括辽宁、河北、山东、江苏、福建、广东、海南、天津、北京、上海以及广西壮族自治区，该区域的面积为136.4万平方千米，占全国总面积的10.7%。东部省市地理位置得天独厚，大多数坐落于沿海地带。这些地区不仅人口稠密，经济活动也极为频繁，是全国三大区域中人口和经济最为集中的地方。东部省市在科技教育方面处于国内领先地位，信息和交通网络发达，居民受教育水平普遍较高。自古以来，东部地区就是政治和文化的中心，与国际社会的交流也十分频繁。它一直是中国经济最发达、商品经济最活跃的地区。

中部地区除内蒙古自治区外，涵盖黑龙江、吉林、山西、河南、安徽、江西、湖北、湖南 8 个省份。中部地区总面积为 281.41 万平方千米，占全国总面积的 20.5%。中部省区大多位于我国内陆，其经济发展水平不及东部地区，但自然资源丰富，传统工农业在经济中占据主导地位。中部地区是我国粮食、煤炭、水电、原材料生产和农业建设的重要基地。

西部地区包括西藏自治区、四川、贵州、云南、陕西、甘肃、青海、宁夏回族自治区以及新疆维吾尔自治区和重庆市，总面积达 545 万平方千米，占全国总面积的 68.8%。西部地区地理位置较为偏远，资源相对匮乏，以农业为主，经济发展水平相对滞后。

第二节 人力资本理论

人力资本理论是教育经济学的核心基础，并且是职业教育理论体系的关键支撑。该理论着重指出，不同地区的劳动力市场对各类不同层次的劳动力有着不同的需求，这并不局限于高学历和高职称的劳动力资源，它还强调了合理配置人力资源结构的重要性。职业教育作为高等教育的一个关键分支，不仅为广大普通劳动者开辟了众多就业途径，还培养了大量能够适应不同职业转换需求的人力资本。

目前，众多国内外经济学家一致认同人力资本对经济增长的重要性。回顾前资本主义时期，尽管人们已认识到教育能促进经济增长，但由于受生产力和技术水平的限制，教育尚未被提升至经济学研究的高度。随着资本主义社会的兴起，机器大生产取代了传统的手工生产，科技对生产的影响力日益增大，教育的作用也随之增大。一方面，为了满足工业生产对劳动力的需求，劳动者必须通过教育提升自身的劳动技能；另一方面，工业化的进程也要求科技成果能够转化为生产力，这同样需要教育来实现。亚当·斯密在其著作《国富论》中提出，人类的经验、知识和能力是国家财富的关键组成部分，也是经济发展的核心要素。人力资本涵盖了社会成员所获得的有用技能，这些技能均通过教育和培训获得。亚当·斯密还指出："掌握一门技能需要接受教育、进入学校、成为学徒，这通常需要昂贵的费用。这些费用似乎已经投资并固定在学习者身上。这些技能既是个人资本的一部分，也是社会资本的一部分。工人技能的提升，就像机器和工具，构成了固定的社会资本。虽然学习过程中会产生一定的开销，但这些投资是可以回收的。"亚当·斯密视教育和培训为资本形成的关键因素，但他未充分考虑人与资本之间的复杂关系。

19世纪40年代，古典经济学家弗里德里希·李斯特在其著作《政治经济学的国民体系》中对"物质资本"和"精神资本"进行了明确的界定。他指出，一个国家今日的地位，源于过去无数世代所累积的发现、发明、改进与努力，这些构成了现代人的精神财富。李斯特强调，不应仅将体力劳动视为财富的源泉，而应认识到"维护法律和秩序，以及促进教育、宗教、科学和艺术发展的精神劳动同样具有生产性"。在他看来，生产效率的重要性远超过财富本身。因此，他主张："一个国家最大的开销，应当用于下一代的教育，用于培养国家未来的生产力。"

19世纪末至20世纪初，阿尔弗雷德·马歇尔（Alfred Marshall）在其著作《经济学原理》中探讨了教育投资的经济价值，并引入了"物质资本"与"人力资本"两个概念。他主张，评估公共和私人资本在教育上的投资是否明智，不应仅依据其直接效果。教育被视为一种投资，它为大多数人提供了更多机会，这无疑是一件积极的事情。通过教育，许多原本默默无闻的人得以发掘和发挥他们的潜能。此外，一位杰出的工业人才所创造的经济价值，甚至可以与一座城市的教育开支相媲美……马歇尔的这些观点预示了人力资本理论的萌芽。他将教育投资视为一种投资形式，但并未将人的因素纳入资本的定义。

与此同时，另一位经济学家欧文·费雪（Irving Fisher）对人力资本概念的确立起到了关键作用。费雪认为，资本应当能够持续产生一系列服务或服务对象，这正是人力资本的本质。他有力地将人力与资本的概念结合，确立了人力资本的定义。然而，在那个时期，马歇尔的思想成为经济学界的主流，他在《经济学原理》中提出，费雪关于人力资本的定义与市场发展的实际情况不符，这导致人力资本概念未能获得应有的重视。

20世纪80年代，以诺贝尔经济学奖得主舒尔茨为代表的现代人力资本理论在美国兴起。第二次世界大战结束后，日本工业步入了电子、原子能和微电子的新时代，对科技的依赖程度超过了体力劳动。1956年，美国首次在技术和管理岗位上雇佣的技术人员数量超过了蓝领工人，这一转变推动了教育和培训行业的蓬勃发展，并使得美国在经常性教育上的投资激增，即从1950年的96.5亿美元增至1970年的558亿美元。与此同时，苏联成功发射了"人造卫星"，战后日本、德国等国家的经济迅速复苏，这些现象都与教育紧密相关，凸显了教育与技术的关键作用。国际竞争的压力促使美国将教育置于优先发展的地位，从而催生了现代教育经济学中最具影响力的理论——人力资本理论。

在当代工业社会中，对人力资本的投资显得尤为重要，甚至超过了对物质资本的投资。舒尔茨指出："空间、能源和耕地并非决定人类未来的要素。人类的未来将取决于智慧的发展。"这一观点直接挑战了李嘉图的边际收益递减定律和马尔萨斯（Malthus）的悲观人口理论。他批评以往的经济学家未能充分重视人们在自身教育和技能上的投资。舒尔茨及其同事认为，人力资本投资和物质资本投资是推动经济增长的两大引擎，但前者的重要性更甚于后者。缺乏人力资本的投资，再多的物质资本投入也难以发挥其应有的效用。人力资本对提升劳动生产率的贡献远大于物质资本。例如，1870年至1913年，美国人的平均教育年限从英国的88.3%增长至91.2%，美国经济在随后的43年里超越了英国。1913年，日本人的平均受教育年限为美国的68.2%，而到了1992年，这一数字提升至82%。日本在1902年至1979年创造了增加28倍的教育纪录。自20世纪70年代起，韩国大力推行教育发展战略，成果斐然。截至2018年，韩国中学阶段的毕业率男性达91.8%，17岁群体的中学与高等教育入学率为98.1%，18岁群体为80.6%，19岁群体为69.8%。到2011年，在韩国23~34岁年龄段的人口中，持有大学文凭的比例高达64%，远超经济合作与发展组织（OECD）国家39%的平均水平。在经济增长数据方面，以西班牙为例，1973年西班牙国内生产总值（GDP）约为780亿美元，人均GDP约2200美元。历经多年发展，到2023年，其GDP增长至约1.5万亿美元，人均GDP达到约3.2万美元，展现出经济的强劲增长态势与多元化发展成果。诸多学者如舒尔茨等始终强调，在当下的全球经济格局中，大规模投资人力资本、推动其持续积累与扩张，已然成为驱动经济增长、迈向现代文明的核心路径。经济增长需要人力资本和物质资本投入之间保持合理的比例，忽视人力资本的重要性，而片面追求物质资本的投入，将对经济发展产生负面影响。

教育投资构成了人力资本投资的核心，其增长速度超过了实物投资。尽管人力资本投资的形式多样，但教育投资无疑是最为关键的一种。西方众多专家也持有相同观点，他们认为教育投资是一种具有生产性的投资。劳动质量和劳动生产率的提升是经济增长的核心，而教育正是提升二者的关键所在。因此，教育在推动经济增长方面扮演着至关重要的角色。他们还指出，尽管不同国家的人口和劳动力在先天能力上相似，但后天培养的能力却存在显著差异。后天能力包括创造力、知识、技能和核心竞争力，与教育紧密相关。知识和技能是资本的两种重要形态，而教育投资在其中的作用超过了物质投资，对经济增长具有决定性影响，因此，教育投资的增长率应高于实物投资。

国家在教育支出上的比重有所上升。美国经济学家费希洛的研究显示，美国政府在教育支出方面所占的比例在1860年、1870年和1880年分别为77%、78%和79%。政府对教育投资的增加意味着个人承担的教育费用比例下降，从而减少了个人因接受教育而产生的机会成本。

资本投资的重心正逐渐从物质资本转向人力资本。现代经济学家认为，随着科技的迅猛发展，人力资本的积累成为提升劳动质量和劳动生产率的关键因素。世界各国纷纷加大教育投入，以确保经济的持续快速增长。舒尔茨等经济学家严厉批评那些偏重钢铁、工业和土地等物质资源投资而忽视教育投资的行为，他们积极倡导提高人力资本投资的比例，因为这可能会带来最大的经济收益。

"人力资本"理论在西方国家引发了广泛的关注，并被视为一场经济革命。其核心意义体现在三个方面：第一，它充分认可了人的发展对经济增长的关键作用；第二，它引入了定量分析人力资本经济效益的新方法，实现了方法论上的突破；第三，基于理论分析，该理论提出了具有针对性的政策建议，例如，政府应将资源投入转向人力资本，以提高其对经济增长的贡献率，进而提高人力资本投入的比重。这些政策建议对我国的教育事业和社会经济发展具有显著的推动作用，并对即将到来的知识经济时代具有重要的参考价值。

然而，人力资本理论并非没有缺陷。一些支持该理论的学者认为，我国经济落后的根本原因是教育的落后和人力资源的不足，他们主张只有通过大力发展教育，才能改变贫困落后的状况。但是，经济落后的原因是多方面的，除了教育因素，还包括自然资源的匮乏、发达国家的殖民统治和掠夺等。此外，一些学者过于简化教育与经济之间的关系，提出了一个"教育—认知技能—劳动生产率—经济增长"的简化模型。实际上，教育与经济之间的关系非常复杂，涉及众多方面。在中国，教育与经济发展呈现出复杂且紧密交织的关系。改革开放以来，我国教育事业蓬勃发展，为经济腾飞注入了强劲动力。1978—2010年，我国高等教育毛入学率稳步攀升，同时期经济总量实现飞跃，于2010年跃居世界第二。在此阶段，教育对经济增长的推动作用显著，大量接受过良好教育的劳动力投身各个行业，助力了产业升级与技术创新，推动经济高质量发展。

然而，经济发展受多重复杂因素影响，并非仅由教育决定。近年来，尽管我国教育水平持续提升，高等教育毛入学率在2019年超过50%，迈入普及化阶段，本科入学人数等教育指标持续向好，国民受教育程度大幅提高，但在全球经济增速放缓、贸易保护主义抬头等国际环境冲击和国内经济结构深度调整的大背景下，经济发展面临新挑战。

以2020—2022年为例，受新冠疫情影响，消费市场低迷，企业投资谨慎，部分行业发展受阻。尽管教育投入持续增加，教育质量稳步提升，却难以立刻扭转经济增速放缓的局面。2020年我国GDP增长率为2.2%，2021年为8.4%（此为疫情后经济复苏反弹的增长），2022年为3%。这一时期，"消费受限—企业营收下滑—投资收缩—就业岗位减少—消费进一步低迷"的经济循环问题显现，凸显出教育与经济发展并非简单的线性关系。

经济发展除了依赖高素质人才，还需合理的宏观经济政策调控、稳定的市场环境以及有利的国际环境等。例如，2023—2024年，国家出台一系列稳增长政策，包括加大基础设施建设投资、推动科技创新政策落地、促进消费复苏等举措，经济逐步企稳回升。2025年一季度，GDP同比增长5.4%，全国规模以上工业增加值同比增长6.5%，社会消费品零售总额增长4.6%。这表明，只有多方面因素协同发力，才能推动经济持续健康发展，实现教育成果与经济发展的良性互动。

第三节　区域经济与人力资本理论

在区域经济与人力资本理论领域，新经济增长理论广为人知。该理论认可技术进步对地区经济增长的重要性，而传统增长理论则将技术进步视为外生因素，未提供解释。然而，在当前环境下，企业正大量投资于研发活动，经济合作与发展组织成员国在 GDP 中的比重也在上升。技术创新已成为全球各国的首要任务。这些现象表明,科技进步并非自发产生,而是需要资源投入才能实现。新经济增长理论强调,内生增长基于外部性和垄断,而这些因素的存在导致市场机制失灵。新经济增长理论从外部性和垄断的角度审视问题,与传统的新古典经济增长理论存在显著差异。

新经济增长理论融合了先前的理论,并将其纳入一般均衡模型的分析框架中,以探究各种影响因素的作用机制。新经济增长理论试图在创新过程中引入人力资本这一新的生产要素,以直接检验创新的外部性。与传统的生产要素——劳动力和资本一样,人力资本对生产水平起着决定性作用。罗默对人力资本做了明确的定义,认为它仅指与个体相关的知识和能力,这些知识和能力是正式教育和专业训练的成果。他这样做的目的是区分非竞争性的技术知识。新技术知识的生产依赖于投入的人力资本和技术知识存量,从而可以推断,与传统生产要素和劳动投入遵循先增加后减少(递减)的规律不同,人力资本投入和技术知识生产是递增的。罗默的模型表明,技术知识的积累是经济增长的驱动力,国家经济增长率与研发部门的人力资本投入成正比。该模型揭示了内生性知识积累导致的报酬递增现象,对于科研部门而言,技术知识具有正外部性。在中间产品部门,新知识的引入导致分工深化,二者均促使最终产品的规模报酬增加。

继罗默之后,阿修(Ashu)、豪威特(Howitt)、格罗斯曼(Grossman)、海曼(Hyman)等人提出了类似的模型,但他们并未深入探讨新产品的研发。在他们看来,完善产品和提高产品质量能够使生产者获得垄断利润,这是研发投入的驱动力。但是,当其他公司能够研发出更高质量的产品时,这种垄断利润就会消失。因此，研发高质量新产品会产生两种相反的外部效应：一种是正外部效应，为未来的创新奠定基础；另一种则是负外部效应，在现有"质量领袖"失去垄断地位时产生。

新经济增长理论在理论上是一个综合性的概念。它所涉及的新经济增长模型不仅考虑了外部性，还兼顾了规模收益递增，因此，在特定的时空背景下进行经济分析显得尤为重要。从政治学的角度来看，新经济增长理论深刻阐释了科学技术的进步并非自发产生，而是作为推动生产力发展的关键因素。布洛克从新经济增长理论的视角出发，探讨了这一理论是否能够为地区发展提供指导，并提出了以技术进步和空间扩散为核心的主张。知识作为区域经济发展的核心内生动力，其影响力大小取决于各参与主体在研究与开发、教育与培训方面的投资力度。

第四节　马克思教育经济思想

马克思和恩格斯在其理论体系中深刻阐释了教育与经济基础这一上层建筑之间的相互依存、相互制约以及相互促进的辩证关系。恩格斯进一步阐述了教育的地位和作用。他们认为，教育能够培养劳动能力，这是他们共同的观点。劳动阶级的再生产不仅涉及一代代的传承，还包括知识与技能的积累。

马克思和恩格斯的教育经济学思想主要体现在教育劳动理论、社会再生产理论、教育理论，以及学生劳动价值理论等方面，并对这些理论进行了全面的论述。

（一）教育劳动学说

教育劳动是一种间接的生产性劳动。根据马克思的观点，劳动过程融合了脑力劳动与体力劳动。为了实现生产劳动，不再需要个人亲自动手，而是作为整体劳动者的一部分完成各自的任务。无论是工人、经理还是工程师，所有参与商品生产的人都可被视为生产者。因此，那些不直接参与劳动过程、能够与劳动对象保持距离的管理者、工程师、技师等，他们的工作具有间接生产的性质。

教育劳动既具有直接生产性，也具有间接生产性。马克思将生产性劳动定义为能够直接创造使用价值的活动，这一定义在马克思看来是准确的。教育劳动通过传播知识和技能，成为提高劳动者生产力的一种方式。教育活动与物质生产活动类似，通过信息交换实现物质和能量的转换。它所传递的知识和技能对受教育者具有实际应用价值。因此，教育劳动属于劳务劳动，是一种服务性劳动。

（二）社会再生产理论与教育

教育是劳动生产和再生产的关键途径。根据马克思的观点，社会再生产不仅涉及人类生存所需条件的生产过程，还涵盖了特殊的生产关系。它既包括生产关系本身的生产和再生产，也涉及承担这一过程的主体。这表明社会再生产涉及物质和劳动力两个核心方面。教育的作用在于将"基础"劳动者转变为"专业"和"技术"型劳动者。

教育同样在科技的生产和再生产中扮演着至关重要的角色。它承担着传递、积累、发展和再生产科学的社会职能。教育使教育者能够有目的、有计划、系统地将科学文化知识传授给学习者，培养他们的多方面能力，发展他们的智力和体能。通过这种方式，教育能够将人类社会数千年来积累的科学知识和技能迅速传授给学习者，从而提升生产力水平。

此外，教育是将科技成果转化为现实生产力的关键途径。科学技术需要通过"物化"过程，才能从潜在的生产力转变为现实的生产力。教育在这个过程中扮演了桥梁的角色。通过培养和造就不同层次的专业人才，以及培养和传播社会科学的能力，教育促进了科技成果向生产力的转化，进而推动了人类社会经济的发展。

（三）劳动价值学说与教育

教育成本构成了劳动力价值的一个重要部分。除依赖消费生活资料以维持和延续其再生产外，劳动力还需通过参与技能实践、购买学习资料、参加职业讲座以及报名专业认证考试等途径，来提升自身的生存技能。随着时代的演进和科技的发展，教育成本占劳动力总成本的比例逐渐增加，因此，此类提升技能的投入占劳动力总成本的比重亦将不断上升。因此，要准确评估劳动力的价值，必须考虑这些技能提升投入在其总费用中的比例。

复合型劳动者的经济效益极为显著。马克思将产品中的劳动划分为两大类别：一类是简单劳动，另一类则是复合劳动。复合劳动是一种特殊的劳动形式，它要求通过特定的专业教育和培训，以掌握某种特定的技能。马克思指出，"较复杂的劳动相当于简单劳动的倍数，或者说，是数倍的简单劳动。因此，少量的复杂劳动等同于大量的简单劳动"。教育劳动对社会经济价值的构成具有显著影响。尽管教育劳动本身并不直接创造社会财富，但它通过劳动训练和科学知识的再生产实现其价值。马克思认为，劳动具有独特性：它是一种创造价值的力量，是价值的源泉。若运用得当，劳动的价值远超其本身。这表明，社会物质财富的创造者，归根结底是劳动力。

第四章 对区域经济与职业教育发展和研究现状的系统分析

第一节 问题的提出和研究的意义

一、问题的提出

随着经济全球化的加速推进,国际竞争愈发激烈,专业分工日益精细化。我国已经成为全球经济发展的主要创新源泉和发展潜力所在,科技革命与产业转型升级正迈入一个全新的高速发展阶段。

根据国家统计局的数据,2024年中国的商品贸易进出口额和出口额仍然在全球保持领先地位。例如,2024年6月,中国商品进出口总额为5166.62亿美元,其中商品出口总额为3078.55亿美元,显示出中国在全球贸易中的重要地位。根据科尔尼发布的2024年全球外商直接投资信心指数报告,中国在全球外商直接投资中的吸引力显著提高,排名从2023年的第七位上调至第三位。这表明中国仍然是全球投资者关注的重要市场之一。近年来,中国装备制造业持续快速发展。虽然近10年来的年均增长率可能因各种因素而有所波动,但整体上保持了较高的增长态势。2023年,中国制造业总体规模连续14年保持全球第一,其中装备制造业的增长尤为显著。这表明中国在高端制造和智能制造领域取得了重要进展。中国经济的持续稳定增长不仅推动了国内经济的繁荣发展,也为世界经济的增长作出了重要贡献。中国作为世界第二大经济体,其经济表现对全球经济格局具有重要影响。

尽管这些数据令人振奋,但我们必须清醒地认识到,尽管我国已成为制造大国,但尚未成为制造强国;尽管我国是人力资源大国,但尚未成为人力资源强国;尽管我国是教育大国,但尚未成为真正意义上的教育强国。国内外众多专家和学者对此进行了深入研究,一致认为高技能人才的短缺和高科技水平的不足,已成为制约我国从制造大国向制造强国转变的关键因素。

根据相关数据预测,到2030年,全球将有35亿名工作人员,其中高技术工人约4000万人,低技术工人约9000万人。近年来,我国珠三角和长三角等地区遭遇了"技工荒"问题,这一现象已经引起了学术界的广泛关注。中国人力资源市场信息监测中心发布的数据显示,通过对全国101个地市公共就业服务机构市场供需信息的统计分析,东部、中部和西部地区的岗位空缺与求职人数的比例分别为1.02、1.11和1.13,显示出市场需求略大于供给。在技术职称与专业技术职称劳动者的供需情况比较中,我国各类技术职称岗位空缺与求职人数之比均超过1。特别是高级工程师,其岗位空缺与求职人数的比例最高,达到2.19,而高级技术人员的比例为1.94。这意味着,每名高级工程师对应有2.19个岗位空缺,每名高级技术人员对应有1.94个岗位空缺。目前,我国高技能人才短缺,"技工荒"问题已持续多年。据统计,在我国城镇从业人员中,取得国家职业资格证书且水平较高的技能劳动者仅占33%,而高技能人才(包括高级技师、技师、高级技工)仅占21%。相比之下,发达国家的这一比例超过了50%,甚至达到60%。目前,我国高技能人才总量不足,结构不合理,已无法满足经济社会快速发展的需求。特别是高科技行业,"技工荒"现象日益严重。

2011年,人力资源和社会保障部颁布了《高技能人才队伍建设中长期规划(2010—2020年)》。该规划明确指出,随着我国经济和社会的快速发展,对技能型人才的需求日益增长,尤其是对高技能人才的需求不断上升。第一,为了走新型工业化道路,加速传统产业的转型升级,迫切需要提升技术工人的素质。第二,随着第三产业,特别是现代服务业的快速发展,对相关服务人才的需求量显著增加。第三,为了发展低碳经济和绿色工业,亟须培养大量高素质的技术人才。预计到2025年,不考虑现有的人才缺口,仅新增的熟练劳动者需求将达2500万人左右。随着制造业向高端化、智能化迈进,以及新兴产业如人工智能、新能源、生物医药的迅猛发展,对高技能人才的渴求尤为显著,其需求量将增加约800万人。由此可见,在当前以及未来一段时间内,构建一支规模适宜、结构优化、技能高超的高技能人才队伍,对于确保我国沿着新型工业化道路前进、加速产业的优化升级、全面提升企业核心竞争力至关重要。

二、研究的意义

美国经济学家西奥多·W.舒尔茨(Theodore W. Schultz)在20世纪60年代出版的《人力资本理论》中提出了一个核心观点:一个国家的经济发展与

其人力资本的发展密切相关，而教育是其中至关重要的因素。在我国经济和工业结构转型的关键时期，高等职业技术院校成为培养人力资本的关键阵地。这些院校必须对当前的发展需求作出合理且及时的响应。换言之，现代化工业结构对高等职业技术教育提出了更为严格的要求。

根据世界劳工组织的数据，全球六个最具竞争力的国家分别是新加坡、瑞士、丹麦、爱尔兰、瑞典、荷兰，它们都从发达的职业教育中获益匪浅。而如英国、捷克这样的国家，尽管国民教育水平较高，但竞争力却相对较弱，这主要是因为这些国家对职业教育的重视程度不够。这一现象已经促使英国等国家进行深刻的反思。

第二节　国内外职业教育发展现状分析

随着工业化进程的深入，职业教育的兴起成为必然趋势。20世纪60年代末至70年代末，发达国家经历了产业结构的转型和产品国际化的新浪潮，职业教育领域也展现出从中等职业教育向职业教育转变的明显趋势。为了适应区域经济的发展需求，职业教育逐渐从"学科本位"转向"能力本位"，开辟了与国家或地区经济发展相契合的特色职业教育发展路径，为职业教育的改革注入了新的活力。联合国教科文组织（UNESCO）副秘书长科林·鲍尔（Colin Bauer）在1999年第二届世界职业教育大会上发表的报告中强调："世界经济正向信息化方向发展，其效率依赖于生产和服务业的质量。21世纪，要在竞争中脱颖而出，必须培养出既具有生产力又具备灵活性的劳动者。无论国家的发展水平如何,都必须努力改革本国的技术教育和培训项目,以应对未来世纪的就业挑战。"他向全球各国发出呼吁,强调技术与职业教育,旨在培养合格的技术人员,应当成为各国发展议程中的重要组成部分。

一、发达国家或地区职业教育发展现状分析

(一)美国职业教育发展情况分析

美国把职业教育看作促进美国经济发展的"强劲动力",并初步形成了一套符合美国经济发展需要的职业教育制度。20世纪50年代到60年代,伴随着科学技术的高速发展,大量的高科技企业涌现,对工人素质的需求也越来越高。对此,美国各州纷纷颁布法令,鼓励建立和扩大职业院校。该社区大学立足本地的经济特点及需要,与企业密切结合,以专业技能训练、专业顾问为重点,培养专业技能人才,并已收到明显的效果。20世纪70年代以后,随着社会经济的快速发展,美国的社会经济发展有了新的变化。20世纪80年代,美国因面临全球经济的激烈角逐与工业重组,把重点转移到了职业教育上,加大了在此方面的投入,而企业方面也加大了扶持力度。

(二)德国职业教育发展情况分析

德国经济的迅猛增长与其职业教育的蓬勃发展紧密相连。自20世纪60年代初起,联邦德国便迈入了经济复苏与发展的新时期,迫切需要大量具备高科技技能的一线工作者。1968年成立的三年制高等学院,成为培养联邦德

国经济复苏与发展人才的重要基地。进入 20 世纪 70 年代，德国职业教育迅速崛起，尤其是德国职业教育的"双元制"，这一由职业院校与企业携手打造的教育模式。自 1972 年起，联邦德国在全国范围内实施了"高等教育区域化"计划，在众多中小城市建立了职业院校，推动了职业教育的均衡发展。数据显示，1986 年，德国有 95 万名 15~16 岁的青少年参与职业义务教育，其中 76 万名接受了双元制职业训练，占该年龄段青少年的 74%。26~35 岁年龄段的男性和女性的比率都在 90% 左右，75% 的女性都有系统的专业培训。在整个国家，大约 64% 的人受过专业训练，只有 9% 的人受过专业教育。从这一点可以看出，德国职业院校的发展无论是在规模还是在发展上都是相当可观的。根据德国的法规，"如果一个人在完成了高中学业之后没有进一步学习，那么他就应该在工作之前进行两年半到三年的双重专业培训"。这一规定已成为雇主和员工的共同认知，也是员工必须遵守的行为准则。目前，超过 2/3 的德国雇员接受过双元职业训练；约有 50 万家公司、公共机构及自由职业者为年轻人提供培训机会，其中中小型企业提供了超过 80% 的培训。一些大型企业也设立了职业院校，培养出的毕业生得到了国家和社会的认可，企业因此获得了政府的财政支持。德国教育部在《2013 年德国职业教育报告》中强调，"双元制"职业教育体系不仅使企业能够更有针对性地培养未来人才，同时也为企业创造了更多的就业机会。此外，年轻人的就业率也在提升，他们在工作中感到更加安全。根据世界银行的数据，2023 年德国 15~24 岁青年失业率为 5.96%。另外，据欧盟统计局数据，2024 年 12 月德国青年失业率为 5.9%，在欧盟成员国中处于较低水平。

德国的教育体系实行各州自治管理，其发展与地区经济紧密相关。例如，

第四章　对区域经济与职业教育发展和研究现状的系统分析

巴登—符腾堡州的经济增长促使商业机构与巴登—符腾堡州管理和经济学院共同创建了职业院校，为职业教育开辟了新的途径。同时，职业院校在专业设置上也充分考虑了服务地方经济建设的需求，适应了地方经济的发展和企业对人才的需求。例如，西尔法斯海姆高等专科学校和苏德堡高等专科学校根据萨克森州森林密布、地势平坦、河流众多的地理特点，分别设立了森林保护系和水利系，为当地工业发展培养了合适的人才。德国在推动区域经济与职业教育的融合、校企联动机制、部门主要职责的明确、课程开发、师资培养等方面取得了显著成就，成为世界职业教育发展的典范。

（三）英国职业教育发展情况分析

英国在全球范围内率先实施了职业教育。在19世纪之前，英国的职业教育侧重于知识传授和学生学习能力的培养。自19世纪起，随着一批由工业资本资助的城市学院的兴起，旨在服务经济建设并培养实用人才的大学开始涌现，打破了牛津和剑桥等传统大学仅追求学术教育的模式。特别是第二次世界大战之后，英国政府意识到国家竞争力的核心在于人才，因此采取了一系列措施推动大学人才培养机制的改革，使英国的大学教育与就业市场紧密相连，形成了一套独特的应用型人才培养体系。英国高校在应用型人才培养方面与产业界紧密相连，这种合作不仅保障了人才培养质量，也成为其教育体系中不可或缺的环节。20世纪60年代，英国成立了多科技术研究所，该研究所不仅是一所重要的教学机构，而且与地方经济紧密相连，为当地企业解决了生产和技术上的实际问题。20世纪80年代，英国经历了"剧变期"，面临国际交流加速、全球经济竞争力下降、国内经济增长停滞以及就业市场剧烈波动和高失业率的挑战。为了适应国家需求，英国政府积极推行职业教育和职业培训体制的改革，彻底消除了二者之间的界限，使它们建立了相互支持的互助关系。1986年，英国国家职业资格委员会正式成立，并推广了全球最具特色、最完善的 NVQ 与 GNVQ 认证体系，显著提升了该地区的经济、科技发展水平和技能人才的能力。

此外，英国的学徒制度颇具特色。英国的工业资产阶级极为重视通过学徒制培养技术人才的独特价值，并对其进行了深入探讨。特别是自20世纪90年代起，在欧盟委员会的统一指导下，英国进一步完善了这一制度，推行了现代学徒制，这极大地促进了产业与教育的融合，并在社会实践中取得了显著成效。

（四）澳大利亚职业教育发展情况分析

自20世纪70年代起，随着澳大利亚经济结构的深刻变革，政府通过采纳坎干报告和建立职业教育学院等举措，积极促进了职业教育的推进与成长。时至今日，TAFE（Technical and Further Education）已成为澳大利亚职业教育领域的一项成功典范，并在国际上赢得了广泛赞誉。澳大利亚构建了一个以教育科学和培训部为核心的综合职业教育体系，整合了国家培训局的全部职能，并成立了国家职业教育研究中心。此外，澳大利亚还发展了职业教育资格制度，确保了职业教育的各个方面在这一框架内各司其职，共同推动职业教育的发展。教育部负责制定职业教育培训的发展目标，并提出国家政策建议。在国家、州和地方三个层面上，建立了一个以产业为主导的职业教育参与体系。目前，全国共有21个产业培训咨询机构，工商企业和工会代表在这些机构中对各产业的技能标准和教育内容设置拥有较大的发言权，并就TAFE

第四章　对区域经济与职业教育发展和研究现状的系统分析

学院如何根据就业市场需求满足企业需求提出建议。

澳大利亚职业教育的一个显著特征是其与行业需求的紧密结合。行业组织依据国家统一的职业资格认证标准，制定行业内的职业技能标准。各州政府负责对TAFE学院进行具体管理，并根据各州的经济特点进行宏观规划，调整本地区TAFE学院的办学模式和发展方向。相关数据显示，1992年澳大利亚全国培训局建立统一培训与技能鉴定制度以来，职业教育取得了显著进步。

二、我国职业教育发展现状分析

（一）我国已经建成世界上规模最大的职业教育体系

党中央和国务院高度重视职业教育，在过去40多年的改革开放历程中，多次召开全国职业教育大会，并推出了一系列政策措施，以推动职业教育的快速发展。特别是1996年颁布的《中华人民共和国职业教育法》以及随后的一系列行政法规和地方性法规，标志着职业教育开始步入法治化、规范化的发展轨道。

目前，中等职业教育的规模已经占据了普通高等教育规模的一半，职业教育总体上也占据了高等教育总规模的一半。截至2023年，我国共有职业学校11 133所，在校生近3500万人，构建起从中职到专科、本科的完整层次体系。其中，全国中等职业教育（不含人社部门管理的技工学校）有7085所学校，2023年招生454.04万人，在校生1298.46万人。若将范围扩大到含技工学校的中等职业教育领域，2022年全国共有中等职业学校9752所，当年招生650.69万人，占高中阶段招生的40.71%；在校生1784.61万人，占高中阶段教育的39.67%。在高等职业教育板块，2023年高职专科学校达1547所，招生555.07万人。职业本科发展势头也颇为强劲，学校数量已从2019年首批的15所，增至2025年的52所。2023年职业本科招生8.99万人，约占全国高等职业教育招生人数的1.6%。

"十一五"规划实施以来，职业院校培养的高素质劳动者和技能人才已超过8000万人，占新增就业人口的60%，成为我国中高级专业技能人才的主力军。例如，在加工制造、高铁、城市轨道交通、民航、现代物流、电子商务、旅游服务、信息服务、汽车维修等领域，职业院校毕业生的贡献尤为显著。近年来，在一线新增的就业岗位中，职业院校毕业生占据了70%以上。此外，中职毕业生的就业率长期稳定在95%以上，职业院校毕业生的就业率也达到了85%。每年对不同类型的人员进行了15 000万次以上的训练，这对于解决当前的就业结构问题和社会就业问题，也起到了很大的支撑作用。

职业院校是国家教育系统中不可或缺的一环，在近几年获得了巨大的发展。当前，我国已建立起规模最大的职业院校。

其中，详细的高职院校的总体数量及发展态势如表4-1所示。

表4-1 我国职业教育院校总规模统计

单位：万人

类型	年份								
	2017	2018	2019	2020	2021	2022	2023	2024	2025
高职	1240	1280	1330	1460	1594	1600	1650	1700	1750
中职	1600	1555	1500	1628	1311	1298	1298	1280	1250

（二）我国已经初步形成一些具有区域特色的职业教育发展模式

东部、中部、西部三个地区在经济发展上的差异导致职业教育资源的区域分布不均。具体而言，职业教育资源的集中程度从高到低依次为：东部（10个省区市）、中部（6个省区）、西部（12个省区）和东北（3个省份）。东部地区占据了约38%的职业教育资源，中西部地区共占28%，东北地区则占25%，而西部地区占9%。在中等职业教育资源方面，东部地区学校数量占比约为35%，中部地区约为37%，西部地区约为28%。显然，职业教育资源在不同区域的分布极不平衡。

针对各地区的经济发展特点和需求，已经初步形成了一系列具有地方特色的职业教育发展模式。例如，天津已经成为全国职业教育改革与创新的典范，是职业教育发展的领先区域。在重庆，已有1322家企业入驻，其中中等职业院校每年培养113 000名毕业生，为当地创造了430亿元的总产值。珠三角地区作为我国乃至世界的制造业中心，其经济总量占全省的79.4%，职业院校占比达84%，并且拥有100%的优质资源，成为我国职业教育改革与发展的创新高地。

我国职业教育的迅猛发展给许多缺乏历史积淀的职业院校带来了巨大的鼓舞，同时也带来了严峻的挑战。这种发展主要依赖政府的指令性文件，虽然取得了显著的成就，但许多深层次的问题和矛盾仍未得到妥善解决。在新时期，面对新的形势和挑战，职业院校必须审视自身的发展模式，并规划未来的发展路径，以确保其能够健康和可持续地发展。

第三节 对区域经济与职业教育研究现状的系统分析

一、系统论的相关思想和适用性分析

(一)系统论的基本思想和方法

系统论主张,所有事物都构成一个系统,系统具有普遍性。作为一种理论体系,系统论专注于研究各种系统的普遍形式、原理和规律。其核心理念是将研究对象视为一个整体系统,通过深入分析系统的内部结构与功能,探究系统及其组成部分与环境之间的相互作用和变化规律。随后,通过调整系统的组成要素和成分,实现系统的最优化。系统论的理论框架包括系统概念、一般系统理论的分析方法(如控制论、信息论、集合论等)、系统方法论(如系统工程、系统分析等),以及这些理论在实际中的应用。

无论面对的是重大还是琐碎的事务,我们都可以运用系统论的方法,结合系统科学的视角,以及控制论、信息论、经济管理和现代数学的优化技术,借助先进的科学技术,遵循系统发展的程序和方法,来研究和构建优化系统,以期达到最佳效果。

（二）系统论分析问题的基本原则

在运用系统论思想与方法分析和解决问题时，一般要遵循六个基本原则。

1. 整体性原则

一般系统论强调系统整体性的重要性。系统的整体性源于其组成部分——各要素，这些要素依据特定的组织结构相互关联，通过某种形式的结合与互动形成特定的结构，进而展现出系统的整体特性。因此，整体性原理强调必须对系统进行全方位的研究，探究整体与其各个要素、不同层次、各种结构以及外部环境之间的相互联系与互动，以揭示系统的整体特性。只有将系统的本质与规律应用于整体，才能确保最大化地发挥系统功能。

2. 联系与制约性原则

联系与制约指的是系统内部各个组成部分以及系统与外部环境之间相互作用的关系。系统内部的各个要素以及系统与环境并非独立存在，它们之间存在着紧密的联系。系统的特性并非仅仅是各个组成部分内在属性的直接叠加，也不是各个组成部分自身规律的简单组合。因此，对系统的分析不仅要审视其构成要素，还必须考虑系统内部各要素之间、不同层次之间的相互作用，以及系统与外部环境之间的动态互动。

3. 目的性原则

目的通常是指行为主体根据自身需求，通过意识、概念等中介，预先设定的行为目标和预期成果。作为一种观念，目的体现了人与客观世界之间的实践联系。系统展现出动态有序的特性，即系统能够按照特定的顺序动态地发展和变化，这种变化倾向于更高的有序性，即目的性。目的性原则涉及对任何系统所追求或设定目标的研究,并通过采用恰当的方法和手段对其进行优化,以推动该目标的达成。

4. 有序性原则

各要素之间存在特定的联系与制约关系,展现出一定的规律性。有序性主要体现在三个层面:时间序列、空间结构和功能行为。在探索客观世界的过程中,我们逐渐理解了各种事物的构成元素、相互作用、结构功能以及它们的发展演化规律,即事物的有序性。开放体系能够更加积极地向更高层次的组织状态演进;组织状态的提升,意味着系统更加稳定,功能也更为优异。唯有通过有序性的视角来分析系统,我们才能真正揭示各要素、各系统、各环境之间的内在规律性关系,从而引导事物从无序迈向有序。

5. 动态性原则

随着时间的流逝,世间万物都在持续地发生着变化。它们构成了一个"活"的有机整体,其中各个要素、系统之间存在着物质流、能量流和信息流的交换。这些系统之间的平衡与稳态是至关重要的。系统论的核心理念之一是用动态的视角来审视这个"活"的有机整体,这要求我们同样以动态的视角来观察和理解这个有机体。

6. 最优化原则

最优原理涉及在特定条件下,通过调整系统内部元素的结构以及系统与环境之间的相互作用,实现系统整体性能的最优化。通常而言,一个系统的最优化并不意味着其所有组成部分都达到了最佳状态,而是指整个系统的综合性能实现了最优。

（三）运用系统论分析区域经济和职业教育发展的适用性

结构性、功能性和体系性构成了系统的三大基本属性，它们是评估系统存在性的核心标准。结构属性表明，一个系统必须至少由两个元素组成，这些元素之间存在特定的相互依赖和制约关系。功能属性涉及各元素在系统内外环境中所扮演的角色，以及它们所维持的内部和外部秩序。系统质量则体现在各元素协同作用时产生的效果，超越了它们单独作用的总和。

地区经济与高等职业教育之间存在着紧密的联系，二者相互作用，各具特色。区域经济是由内部和外部因素共同塑造的复合体，它整合了众多经济要素和空间配置。在我国地区经济发展的历程中，职业院校扮演着为国家和地方培养高素质劳动力的关键角色，为地方经济和社会的进步提供了坚实的支撑。

职业教育不仅支撑和推动了区域经济的进一步发展，而且区域经济也通过增加投资、提供就业机会和创造新的人才需求等方式，促进了职业教育的创新和进步。

区域经济的转型升级和优化演化，在协调发展的大背景下，能够为职业教育的发展提供坚实的经济基础。同时，职业教育的有序推进和质量提升也为区域经济的调整和升级提供了宝贵的人力资源支持。这种良性互动有效地促进了经济增长，缓解了就业压力，推动了科技创新和科技进步，实现了经济和社会效益的最大化。从体系构成的角度来看，区域经济与职业教育的协调发展，体现了在一个生存系统中共存共荣的客观现实。

二、有序与动态：对区域经济与职业教育相结合研究成果的发展特征分析

（一）国外区域经济和职业教育相结合研究成果的发展特征分析

英国杰出的政治经济学家亚当·斯密（Adam Smith），是首位深入探讨经济与教育之间关系的学者。他明确指出，劳动者的技能与知识构成了民族财富的根基，进而成为经济发展的关键要素。他强调，为了使劳动者掌握必要的技术，教育不可或缺，因此，必须确保经济上的投入以保障教育的顺利进行。由此，形成了一个投入、教育与经济发展之间良性循环的动态关系。

英国著名经济学家阿尔弗雷德·马歇尔（1842—1924）在其著作中提出："知识是人类最强大的生产力，它赋予我们力量，使我们能够征服自然，迫使它满足我们的需求。"

1935年，美国经济学家沃尔特·沃尔什（Walter Walsh）出版了《人力资本观》一书。舒尔茨在1960年的美国经济年会上首次正式提出了"人力资本"这一概念，并系统地阐述了对人力资本的投资及其对经济增长的影响。

1970年，英国教育经济学家马克·布劳格（Mark Blaug）出版了《教育经济学导论》一书，该书详细论述了教育在经济增长中的作用以及其研究方法，标志着教育经济学这一领域的正式形成。

（二）我国区域经济和职业教育相结合研究成果的发展特征分析

受社会、历史和文化等多种因素的影响，中国的教育经济理论尚未获得应有的关注。特别是自 20 世纪 80 年代起，众多杰出的教育经济学专家涌现，他们出版了一系列教育经济学的专著。例如，厉以宁在 1984 年的著作《教育经济学》中首次提出了"教育的社会经济作用"这一概念，对经济学与教育学的结合产生了深远的影响。王善迈在 1996 年的《教育投入与产出研究》以及勒希斌在 1997 年的《教育经济学》中，也作出了重要的学术贡献。

三、联系与制约：对区域经济与职业教育发展相关性的定量和定性分析

（一）国外区域经济与职业教育发展水平的定量和定性分析

1961 年，美国经济学家舒尔茨计算了 1929 年至 1957 年美国教育投资的增长率，并得出结论：教育对国民经济增长的贡献率达到了 33%，这一发现与美国教育投资的增长密切相关。舒尔茨从定性和定量两个维度深入分析了教育与产业之间的联系，揭示了教育与产业发展之间的规律性，这使得他成为经济学者和教育学者关注的焦点。大卫·弗朗西斯（1996）基于职业技能对全球经济增长的影响，提出职业教育能够提升劳动生产率，进而推动经济增长。兰特·普契特（Lant Puchit）和德恩·菲利（Dane Phily）认为，直接的教育投入有助于提高产出水平，但不同教育体制对产出的影响程度存在差

异。乔伊斯·P. 雅各布森（Joyce P. Jacobsen）对第二次世界大战后美国劳动力供求增长与经济快速增长之间的关系进行了实证研究。费兰·马内（Ferran Mane）通过比较美国高中毕业生在普通大学与职业教育之间的收入差异，并运用回归模型进行定量分析，得出结论：高学历教育相较于普通高等教育具有更高的收益。莎米莎·理查德（Sharmisha Richard）对日本的教育体系与经济增长进行了实证研究，结果表明高等教育对日本经济增长具有显著的促进作用，并在其中扮演了重要角色。雅可布·格鲁布（Jacob Grub）的调查结果指出，职业教育的发展已成为20世纪教育发展的主流趋势。改革开放以来，职业教育逐步脱离了传统的高等教育体制，成为一种相对独立的办学体制。主教马内（Mane）对企业的技术需要进行了研究，结果表明，在企业中，企业对于技术更新的要求很高，对职业能力的要求也很高，所以，从事与之有关的职业教育所获得的利益也就越大。

艾伦·格林斯潘（Alan Greenspan）提出，美国的"社区学院"在推动地方经济发展中发挥了重要作用。阿德里亚娜·迪利（Adriana DiLiberto）的研究表明，教育水平的差异导致了经济发展水平的不同，意大利经济增长的60%来自南方，因而南方的经济增长显著高于北方。上述研究采用了多种定量方法，衡量了职业教育与区域经济之间的关系，并得出了职业教育能够促进区域经济发展的结论。

（二）职业教育与区域经济协调发展的定性与定量研究

目前，关于职业院校与地区经济发展之间的联系，存在四种不同的观点。第一种观点是"多元论"，我国"多元结构"的地区经济发展为职业院校提供

第四章　对区域经济与职业教育发展和研究现状的系统分析

了宝贵的发展机遇；职业教育应专注于提升教育质量、调整教育结构、提高教育效益，以更好地适应区域经济的需求。第二种观点是"制约论"，其认为我国高等专科学校的发展既受到限制，也限制了其办学规模和步伐，以及办学水平的提升。第三种观点是"依存性"，即职业院校与地区经济发展之间存在相互依赖、相互促进以及优势互补的多元互动关系。第四种观点是"互动论"，其提出了职业院校改革发展的"催化剂"——职业院校需经历"被动适应""主动应对""积极引导"三个阶段的演变过程。

四、优化与发展：基于区域经济发展需求的职业教育发展模式和策略研究

（一）基于区域经济发展需求的职业教育发展模式分析

由于区域经济发展水平的不均衡，加之自然条件和历史背景的差异，每个地区都形成了其独特的产业结构。因此，对于人才的需求在层次和类型上也各不相同。职业教育与经济发展紧密相连，其教育模式必须考虑到地方经济的特色和需求，采取区域化的发展策略，以确保职业教育能够更有效地支持和服务于地方经济的发展。

1. 发达国家或地区的职业教育发展模式分析

参考英国、德国以及美国等发达国家的实践，每当政府着手推动产业结构的升级转型，总是优先考虑教育转型战略，并将提升劳动者的素质作为核心项目，确保产业能够平稳地从低端向高端发展。美国的"合作教育"和

"产学研结合",德国的"双元制"和"校企合作",以及英国的"工读交替"或称"三明治"模式,都是成功的例子。

2. 我国的职业教育发展模式分析

我国职业教育的发展模式,大体而言,先根据各地区经济发展水平的差异性,从宏观上进行定位;在此基础上,本文提出了一种新的、可操作的模式,这就是职业教育发展的微观模式。

(1) 宏观上的区位模式选择与定位。经济发达地区普遍采纳"技术导向型"模式,这意味着这些区域的工业结构优化程度较高,技术密集型产业和第三产业的发展也相对迅速。相对而言,经济欠发达地区则采取"技术开发型"模式,这些地区的工业化水平较低,技术基础薄弱,主要依赖增长缓慢且加工层次不高的传统产业。本项目旨在通过"技术导向型"职业教育培养人才,将科研成果转化为可操作的技术成果,以促进区域科技进步和产业结构的优化。

(2) 微观上的模式选择与实施。在办学模式方面积极推进"校企合作",在学制方面实行"弹性学制",在专业设置上采取"市场导向",在教学方案设计上采取"以岗定教"的项目带动模式。

(二) 基于区域经济发展需求的职业教育发展策略或战略研究

在世界各地,各国和地区根据其独特的政治、经济和文化背景,在职业教育的发展历程中孕育出多样化的人才培养模式。这些模式在推动职业教育均衡发展方面采取了不同的战略。例如,在一些市场经济体系较为成熟的发达国家,他们拥有完善的劳动制度和职业资格体系。这些国家实施了一系列

第四章　对区域经济与职业教育发展和研究现状的系统分析

有效措施，以确保各地区职业教育的办学条件相对平等，保障弱势群体的教育权益，并促进职业教育与经济的协调发展。只有将职业教育与地区经济紧密结合，将学校与企业紧密对接，将知识传授与能力培养有效结合，职业教育才能真正发展成为具有地方特色的先进职业教育体系，从而更好地服务于地区经济的发展。

1. 发达国家和地区的职业教育发展策略

发达国家和地区的职业教育发展策略可概括如下：第一，将职业教育的发展纳入国家整体战略。第二，职业教育的培训改革与发展已成为各国经济和社会统筹发展策略的关键组成部分。其作用广泛，既能应对社会经济、人口、环境等多方面的问题，也是实现高水平可持续发展的关键因素，对促进就业、维护社会和谐意义重大。第三，扩大职业教育的覆盖范围也是应对各种经济社会挑战的必要措施。各国正致力于拓宽职业教育的受众，为年轻人、成人乃至老年人提供充足的职业教育和技能提升机会，这已成为全球职业教育改革的共同趋势。

构建完善的职业教育制度是另一项重要策略。随着劳动力市场对更高技能水平职业的需求不断增长，许多国家和地区正致力于扩展和强化职业教育体系，提升职业教育的水平，并促进职业教育与高等教育之间的有效沟通与衔接，这已成为职业教育发展战略的核心。

政府也在增加对职业教育的投入。为了加速经济结构的调整，各国正在增加教育和科技领域的投资，强化人才培养，以提高科技创新能力。在这一过程中，作为培养技能人才的职业教育越来越受到各国政府的重视。

提高技能人才的素质是全球普遍关注的战略目标。提升职业教育的教育质量和国际竞争力，已经成为全球众多国家的共识。职业院校的教师素质是影响其教学效果的关键因素之一，因此，培育高素质的专业人才始终是高等职业技术教育的核心目标。在世界各地推进职业院校发展的过程中，普遍强调了在职业院校中培养学生的实际操作能力。

监测与评价职业教育是国家职业教育策略的重要组成部分。加强各级职业教育发展数据的收集与整理，建立科学合理的评估体系，及时检测和评估职业教育的质量、社会影响以及劳动力市场的反馈，预测和预警产业升级可能带来的劳动力需求变化，这些都是国家职业教育战略的关键领域。

2. 我国的职业教育发展策略

为了确保职业教育能够持续稳定地向前发展，我国的专家学者提出了六种发展策略。

第一，职业教育的核心理念应当是以人为本，遵循教育发展的客观规律，同时要妥善处理好职业教育与区域经济社会发展之间的关系，从而确保职业教育具有持续发展的活力和生命力。

第二，实施产、学、研结合的发展战略，这意味着在内容上要重点做好培养计划的制订、教学资源的合理利用以及产业界参与的人才培养；在层次上，则要实现校企合作的良性互动，确保教育与产业界的紧密联系。

第三，错位发展战略强调职业教育应与普通高等教育实现差异化发展，避免同质化竞争，形成各自独特的优势和特色。

第四，品牌策略要求职业院校通过提升办学质量，打造具有特色的教育品牌，从而在激烈的教育市场竞争中脱颖而出。

第五，核心能力策略建议职业教育机构采用成本领先、差异化或集中化战略，以构建其核心竞争力，从而在市场中占据有利地位。

第六，区域职业教育均衡化发展策略涉及倾斜资源、提升教育质量、分类指导和协同发展等多方面措施，旨在实现区域间的教育均衡发展，确保每个地区的职业教育都能得到充分的发展。通过这些策略的实施，可以识别并缩小客观现实与预期目标之间的差距，探索价值空白地带，并采取科学方法和优化路径，最终实现职业教育的发展价值，为社会培养出更多具有高素质的技术技能型人才。

第四节 区域经济与职业教育相结合研究发展趋势

近年来，全球各国的发展实践已经证明，随着我国经济和社会的持续进步，公众对职业院校的期望值也在不断提升。国际劳工组织的数据显示，世界上四个竞争力最强的国家——瑞士、德国、丹麦和荷兰——都从其成熟的职业教育体系中获得了显著利益。目前，我国正经历着工业化、信息化、城镇化和农业现代化的快速推进，对高素质、高技能劳动力的需求不断攀升。因此，如果我们能够紧密地结合各省（区、市）的经济发展规律和地方经济特色，运用科学的理论和方法深入分析职业院校的发展路径，无论是在理论层面还是实践层面，都蕴含着巨大的潜力和创新空间。这不仅是我们未来在地区经济与职业院校融合研究领域面临的一个重要课题，也是我国国民经济发展对职业院校建设迫切需求的体现。

从区域经济与职业教育两个客观系统的相互作用来看，二者之间存在着相互促进和互动的关系。目前，关于区域经济与职业教育发展的有序性、动态性、联系性、制约性、优化性和发展性的研究，已经积累了一系列重要的思想和实践经验。本书基于当前国内外职业教育的发展现状和实际需求，进一步从系统论的整体性原则、联系与制约性原则、目的性原则、有序性原则、动态性原则、最优化原则等多个维度，探讨了区域经济与职业教育融合研究的未来发展方向。

一、整体性原则：构建更加完整的理论研究体系

区域经济是经济领域的一个关键分支。职业教育在区域经济发展中的作用已经超越了教育本身；只有通过借鉴区域经济学成熟的研究方法、内容和成果，构建起职业教育的研究体系、方法、内容和成果，我们才能从宏观角度审视问题，而不是局限于局部。此外，多学科的交叉分析对于经典理论体系的创新具有不可忽视的重要性。例如，1936年，美国经济学家沃尔什首次运用"成本—收益"分析方法，研究了不同教育水平的学生个人教育支出以及毕业后因能力提升而增加的收入，进而计算出教育的回报率。1960年，芝加哥大学的舒尔茨首次提出了人力资本的概念，并系统阐述了人力资本投资对经济增长和工资增长的影响，奠定了现代人力资本理论的基础，为经济学领域带来了新的理论视角。教育经济学的理论基础是教育理论与教育发展规律的紧密结合。基于此，我们可以借鉴区域经济理论，分析职业教育的发展规律与趋势，这对于现实具有重要的意义。例如，可以运用区域经济学中的

第四章 对区域经济与职业教育发展和研究现状的系统分析

梯度迁移理论、区域分工理论、区域主导产业理论等，结合统计分析方法和管理学的战略思维，对我国职业教育的发展进行深入的比较分析，并总结其特点。在此基础上，对我国职业教育的发展布局进行整体规划，科学界定职业教育体系和层次，灵活设置职业教育，合理选择职业教育模式。目标是在区域经济、管理、统计等学科的经典理论与方法和职业教育发展的理论研究上取得创新性的成果。

目前，关于区域经济与职业教育融合的研究已经取得了一定的阶段性成果，但仍缺乏一套完整的理论体系。理论源于实践，同时又指导实践。在理论层面，我们需要全面探讨和分析区域经济与职业教育发展的总量供需关系、结构匹配关系、质量提升的优化程度、机制政策的合理性、实践案例对理论体系科学性的检验，以及新情况、新特点的出现，从而推动理论体系的优化。通过这些努力，我们希望建立起一套较为完整、科学的区域经济与职业教育发展理论研究体系。

二、联系与制约性原则：创新更加多样化的研究方法

系统论认为，世间万物皆可视为一个系统，系统是一种普遍存在的实体，它与环境之间并非孤立存在，而是相互关联。正是这些相互联系和相互制约的作用推动了事物的不断发展和变化。要揭示事物发展变化的规律性，就必须分析它们之间的联系与制约。系统论与众多新兴学科（如控制论、信息论、运筹学、电子计算机科学、现代通信技术等）相互融合，紧密相连。同时，系统科学的哲学与方法论问题也日益受到重视。因此，本文的研究方法和理论

可以应用于区域经济与职业教育发展之间相互联系和制约关系的界定与描述。

结合职业教育与区域经济、产业经济等学科的独特渊源，未来的研究应从质性与量性相结合的角度出发，创新研究方法，对不同政策措施的实施效果进行评价，并将模拟结果与区域政策模拟结果进行比较，提出更为满意的区域政策方案。在此基础上，综合运用经济学、社会学、管理学、行为学等多学科方法，借助地理信息系统技术，开展区域经济发展的定量模拟与空间分析。

总之，科学的技术路线设计和研究方法的选择，对各学科进行深入研究具有至关重要的作用。当前，职业教育应注重规范与创新，以更宽广、更理性的研究视角，运用空间思维方式与科学方法，对职业教育发展进行研究与审视。

三、有序和动态性原则：按照发展规律增加更多的影响变量

在不断运动和变化的宇宙中，所有事物都随着时间的流逝而演变。区域经济与职业教育构成的体系，同样是一个不断发展的动态有机整体。在这个体系中，各组成部分之间、系统与环境之间，存在着物质、能量和信息的流动，它们之间的平衡和稳定构成了动态平衡与稳定性。在全球经济一体化的大背景下，我国区域经济发展的宏观环境也经历了转变，研究视角从单一国家的经济扩展到了全球、区域、国家和地方四个维度的综合研究。这种多层面、多因素的相互作用，重新形成了区域经济社会和职业教育的发展格局。

同时，随着经济全球化、信息化的推进，科学技术的不断进步以及创新能力的提升，社会经济体制的转型，全球气候变化和低碳经济的发展，人文和主体行为的影响，我国的地区经济发展受到了多方面的作用，导致区域经济发展需求呈现出多元化趋势。

作为"供给方"的职业教育，为了及时有效地满足"需求方"不断变化和紧迫的需求，必须进行相应的多元化变革。发展和变化应当是有组织的、科学的，而非杂乱无章的。如何积极适应新要素、新变量对地区经济发展的冲击，探寻其内在机理，建立开放式研究系统，是今后研究的热点与难点。

四、目的和优化性原则：对实践发展进行及时测评和创新探索

系统论的目的性原理强调对系统所追求或设定的目标进行深入研究，并运用恰当的方法和工具对系统进行优化，以推动目标的达成。在特定条件和发展阶段，必须对系统内部的元素结构、系统内部元素的构成以及系统与环境之间的相互作用进行调整，以实现系统的最佳状态。在区域经济与职业教育相互促进、相互支持的过程中，也会经历目标实现或优化的阶段性过程。因此，我们应及时评估和判断这种发展实践，寻找最有效的政策或促进措施，以便制定更优化的政策或策略，引导二者的未来发展。

（一）国家政策和重大项目的效果测评

在此基础上，结合区域发展、重点工程、教育改革等关键领域的政策措

施,我们开展了对区域政策、重点工程、教育改革等方面的政策成效评估。同时,我们分析了财税、金融、投资等宏观政策在区域间的联动效应,以促进区域发展格局的形成。区域重点建设是一个过程,它将大量资金、资源、科技和人才等关键要素集中到特定区域。同样,区域职业院校的重点改造项目也是一个涉及资金、资源、技术和人才等要素流动、交流和聚集的阶段性、连续性过程。在此基础上,我们进一步探讨了我国宏观调控策略和措施对区域经济和社会发展的影响。

(二)不同区域或学校的实践探索和创新

理论探索与创新的终极目标在于引领实践的进步。鉴于不同地区具有独特的经济特点和需求,以及职业教育发展基础存在差异,改革与创新的强度也各不相同。因此,在将理论应用于实践的过程中,我们观察到多样性和特殊性。为了深入理解我国各地区经济与职业教育的发展状况,我们必须审视其内在矛盾和不足,进行深入挖掘和分析。通过这种分析,我们可以科学地评估其合理性、特殊性以及变化规律,并在国内外进行横向和纵向的比较研究。通过总结经验,我们旨在发现新的发展方向和改革路径,制定出更加合理、可行的发展策略和计划。这样,我们就能为我国区域经济与职业教育的未来提供一个更加合理、科学和有效的进步基础。

在当今社会,理论探索与创新并不仅仅是学术领域的追求和目标,更是实践活动中不可或缺的指导和推动力。特别是在职业教育领域,由于不同地区在经济发展水平、产业结构、文化背景等方面存在显著差异,职业教育的发展模式和改革策略也应当因地制宜、因时制宜,以适应各地的实际情况。

第四章 对区域经济与职业教育发展和研究现状的系统分析

例如，在一些经济较为发达、高新技术产业蓬勃发展的地区，职业教育的重点可能是培养与高新技术产业相关的专业人才。这包括但不限于信息技术、生物技术、新材料、新能源等领域。通过加强这些领域的职业教育，可以为高新技术产业提供源源不断的人才支持，推动产业的持续发展和创新。

而在另一些地区，尤其是那些传统制造业较为集中的地区，职业教育的重点则可能是加强传统制造业的职业技能培训。这包括机械制造、纺织、化工、冶金等领域。通过提升这些领域的职业技能培训水平，可以提高从业人员的技能水平，增强传统制造业的竞争力，促进其转型升级。

因此，理论探索与创新必须紧密结合实际情况，才能真正发挥其引领实践进步的作用。只有在深入了解和分析各地实际情况的基础上，才能制定出切实可行的职业教育发展策略和改革措施。这不仅需要学术界和教育界共同努力，还需要政府、企业和社会各界广泛参与和支持。只有这样，才能确保职业教育的发展与改革能够真正满足社会和经济发展的需求，为社会培养出更多具有高素质、高技能的专业人才。

在这一过程中，我们必须深刻认识到，理论的应用并非一成不变，而是需要根据实际情况进行灵活调整和具体问题具体分析。这就要求我们在实践中不断总结经验，发现问题，及时调整策略，以确保理论与实践的有机结合。同时，我们还需要积极借鉴国内外的成功经验，结合我国的实际情况，进行创新性的探索和研究。只有这样，我们才能在职业教育领域取得突破性进展，为我国区域经济的发展提供强有力的人才支持和智力支持，进而推动社会经济的全面进步。

第五章 区域经济发展与职业教育

第一节 区域经济发展经典理论

一、区域经济发展与区域经济增长

（一）区域经济

在当今经济领域，全球经济发展和单一国家的经济活动均受到广泛关注。特别是在大国的经济运作中，由于其广阔的地域、庞大的人口和多样化的资源禀赋，大国经济展现出特有的区域经济发展规律和特征。区域经济是由自然地理环境、内在经济联系、商品流通方向、民族文化传统以及社会发展需求共同塑造的经济实体。它在特定的经济环境中，依据一定的经济条件而形成。与传统地域划分不同，区域经济并非简单地依据地理或行政边界来界定，而是基于上述多重因素的综合作用。

这些区域或组织基于自愿和平等的原则相互联合，在许多情况下，以某个中心城市作为区域或组织的核心，促进区域间的横向合作。区域经济的发展有助于消除以往地区间、组织间的隔阂和封锁，促进各自独立的管理方式，同时能够更好地利用地方资源、产业和技术优势，建立具有地方特色的经济模式。

（二）区域经济增长与区域经济发展

区域经济增长是指在特定时期，一个地区所生产的物质产品和提供的服务数量持续增加。衡量一个地区经济增长的标准通常是该地区的经济总量。

区域经济发展是一个复杂的演进过程，其核心在于区域经济增长以及产业结构的演变。换言之，区域经济发展描述的是一国或一地区经济发展的连续过程，这一过程伴随着经济结构、社会结构、政治结构以及思想意识等方面的持续变化。经济增长、结构调整和社会福利的提升构成了经济增长的基本要素。

研究揭示，我国各地区的经济发展水平与国家整体经济发展水平紧密相关。地区经济发展不仅是地区基本构成要素，也是社会发展的基础；然而，地区的发展进步往往由经济成长所驱动。没有经济的成长，地区的发展便无从谈起。

（三）影响区域经济发展的主要因素

影响区域经济发展的主要因素包括区域自然环境、区域生产要素禀赋、社会经济条件等。

1. 区域自然环境

第一，自然环境是人类生存与发展的基础，与社会经济进步紧密相连。它不仅是区域经济差异和发展的根本原因，而且是关键因素。自然环境包括气候、地形、土壤等要素，这些因素构成了区域经济发展的比较优势和有利条件。它们对地区的经济发展具有深远的影响。产业作为区域经济发展的核心，其在自然环境中的发展受到环境的显著影响，进而决定了产业布局的选择。第二，自然条件对地区建设产生影响。随着科技的进步和可持续发展战略的推进，区域内的基础设施建设不仅需要良好的自然环境，还必须与之相适应。第三，区域人口与环境问题日益凸显。随着地区经济的快速增长和居民收入的提升，对人口与环境的需求也在增加，这使得在区域建设中选择适宜的自然环境变得尤为重要。

2. 区域生产要素禀赋

资源的丰富程度直接决定了一个地区的经济发展水平，并且决定了该地区经济发展的不均衡性。在特定的经济和技术条件下，区域内的生产要素禀赋决定了产业的区域分布和企业的规模。众多国家的经济发展历程揭示了一个事实：拥有更多生产要素的地区相较于资源匮乏的地区，在经济发展方面具有明显优势。因此，生产要素禀赋的差异无疑会对区域经济的发展产生深远的影响。尽管区域间的经济贸易往来促进了生产要素的流动，但这并不能完全抵消要素禀赋差异对区域经济发展的影响。

3. 社会经济条件

要深入分析一个地区的社会经济状况，可以从三个主要维度进行探讨：社会历史发展基础、科学技术状况以及制度状况。

首先，不同地区的自然环境、资源禀赋以及经济结构存在显著差异，正是这些差异共同塑造了独特的区域社会历史发展基础，而这一基础在社会发展进程中发挥着至关重要的作用。这些差异性在很大程度上决定了区域经济差异的形成。区域社会历史因素不仅包括了影响区域经济差异的物质因素，如经济基础、生产水平和技术进步等，而且还涵盖了社会心理因素，如价值观念、道德观念和文化传统等。这些因素共同作用，形成了一个地区的社会经济特色。

其次，科学技术状况对区域经济增长的影响是显而易见的，主要体现在技术创新和扩散两个方面。那些科技含量高、创新能力强的地区，往往经济增长速度较快；相反，那些技术水平和创新能力相对较弱的地区，其经济增长速度则可能相对缓慢。技术创新不仅能够促进生产力的提升，还能推动新产业的发展，从而带动整个区域经济的增长。同时，技术的扩散效应也能够使得其他地区受益，通过技术转移和知识传播，推动落后地区的经济发展。

最后，制度环境对区域发展的影响越来越受到重视。制度不仅关系到区域经济增长的速度，还深刻影响着区域经济发展的质量和可持续性。一个良好的制度环境能够为经济发展提供稳定的预期，吸引投资，促进公平竞争，从而推动经济的健康发展。基于此，本项目计划采用理论分析与实证分析相结合的方法，深入研究在不同制度背景下区域经济增长的特征。我们将分析不同制度背景如何影响经济增长的特征，探讨制度因素在区域经济发展中的作用机制，以及如何通过制度创新促进区域经济的均衡发展。通过这种综合性的研究方法，我们希望能够为政策制定者提供有价值的参考，帮助他们更好地理解区域经济发展的内在规律，从而制定出更加有效的区域发展战略。

二、区域经济平衡发展理论

区域经济平衡发展理论的核心要义在于：确保国民经济中的各个行业与部门之间实现相互协调，以及促进各地区之间的均衡发展，从而达到整体的协调发展。哈罗德—多玛的新古典经济增长模型正是构建于区域经济均衡发展理论的基础之上。在这一理论框架内，罗森斯坦·罗丹提出的大推进理论和纳克斯的平衡发展理论尤为突出，成为最具代表性的理论成果。

（一）罗森斯坦·罗丹的大推进理论

大推进理论的核心在于外部经济效应，即在互补的行业中进行同步投资。这一策略一方面能够创建一个相互需求的市场环境，从而解决市场需求不足所导致的经济发展障碍；另一方面，它还能降低生产成本，提升利润空间，并扩大投资规模，有效缓解供应短缺的瓶颈问题。区域经济平衡发展理论不仅强调产业间的均衡发展，也注重区域间的平衡，即空间均衡。从空间布局的角度来看，该理论提倡在区域经济发展过程中采取平衡发展的策略，旨在缩小地区间的差异；在产业结构方面，主张各工业部门应实现平衡与协调的发展，构建一个综合性的产业结构。

（二）纳克斯的平衡发展理论

纳克斯的平衡发展理论指出，发展中国家常常陷入"供给不足"与"需求不足"的恶性循环。打破这一循环的关键在于采纳均衡发展策略，通过全面规划各产业和区域，促进产业间的协同进步，实现供应结构的最优化。在此基础上，通过建立互补性的合作机制，持续扩大市场需求。因此，平衡发展理论特别强调区域和产业间的相互补充，主张对各区域、各部门的生产率进行优化配置，以推动协调发展。平衡发展理论的核心是促进工业的协调发展和缩小地区间的发展差距。

然而，普通地区往往缺乏实现均衡发展的条件，而欠发达地区也缺少足够的资金来推动各行业的同步发展。如果将有限的资金分散到各个行业，就无法确保对本地区优势产业的投资和收益，同时其他行业的发展也会受限。即便在发达地区，由于地理位置、资源、工业基础、技术水平和劳动力等经济发展存在差异，不同行业的投资效率也各不相同。因此，必须优先考虑那些具有比较优势的行业。

然而，英国经济学家汉斯·辛格在其著作《国际发展、成长与转变》中对均衡增长理论提出了批评。他认为均衡增长理论过分强调工业与农业的同等重要性，而忽视了经济发展的本质——从低生产率行业向高生产率行业的转移。尽管工业的发展确实依赖农业的支持，但发展的最终目的是满足人类的需求。辛格认为，均衡的增长战略是不切实际的。

三、区域经济不平衡发展理论

阿尔伯特·赫希曼首次提出了区域经济非平衡发展的理论。在1958年出版的《经济发展战略》一书中，赫希曼对当时广受关注的平衡增长理论进行了深入探讨。他强调了不同行业之间以及行业内部的非平衡发展趋势，并着重指出了产业间关联效应和资源优化配置的重要性。赫希曼主张，发展中国家应当集中有限的资源和资金，专注于少数几个关键的"主导部门"，尤其是那些直接参与生产的部门。区域经济不平衡发展理论以关联效应原理为基石，关联效应描述了各行业间客观存在的相互影响和依赖关系，通常通过需求价格弹性、收入弹性等经济指标来衡量。

（一）缪尔达尔的循环累积因果论

缪尔达尔的循环累积因果论揭示了经济发展在时空上的不平衡性，表现为时间上的非同步性和空间上的非均质扩散。经济增长通常始于具备初始优势的区域，随后在累积因果的动态过程中，这些区域不断累积有利因素，持续领先发展，这进一步加剧了区域间的不平衡性。发达地区与欠发达地区之间的相互作用产生了两种对立的效果：回流效应和扩散效应。回流效应导致生产要素从欠发达地区流向发达地区，从而扩大了区域间的经济差异；而扩散效应则促使生产要素从发达地区向欠发达地区转移，从而有助于缩小这些差异。鉴于市场机制的作用，资本外流的影响通常远大于扩散效应的影响。因此，在经济发展的初期，为了追求高投资效率、快速成长和对其他区域经济的辐射带动作用，政府应当优先发展那些基础条件较好的地区。然而，一旦经济增长达到一定水平，为了减少区域经济差异，政府必须实施一系列旨在刺激落后地区发展的特殊政策。

（二）赫希曼的不平衡增长理论

赫希曼的不平衡增长理论阐述了经济发展不可能在某一地区的所有子地

区同步进行，而是会从一个或几个特定的"起点"开始。这些起点将作为经济发展的强大动力源，推动经济以这些初始点为核心向周边扩散。赫希曼将经济发展视为一个不均衡的链式演化过程，并提倡采用"非均衡增长战略"作为促进经济增长的最佳策略。

（三）佩鲁的增长极理论

"增长极"这一概念最初由法国经济学家弗朗索瓦·佩鲁提出，他基于抽象的经济空间进行阐述。若将发挥主导作用的经济空间视作一个力场，那么位于该力场中的动力单元即为增长极。经济增长通常始于特定的增长点或增长极，这些点或极以多种方式向周边扩散，对整体经济产生不同程度的影响，这种现象即所谓的增长极效应。佩鲁关注的经济空间主要集中在工业部门，增长极通常处于主导地位，能够引领其他部门发展，强调主导产业对其他行业的关联推动效应。随后，布代维尔将"增长极"概念扩展至地理空间，认为经济空间不仅包含经济变量间的结构关系，还涉及经济现象间的空间位置关系。因此，"增长极"概念具有双重含义：其一，从经济学角度出发，它指的是推动型的主导工业部门；其二，从地理学角度出发，它特指那些具有地理优势的区域。

（四）弗里德曼的中心—边缘理论

20世纪60年代，米尔顿·弗里德曼（Milton Friedman）将劳尔·普雷维什（Raúl Prebisch）提出的中心—边缘理论应用于区域经济学领域，并将经济系统的空间结构划分为两大类：中心和边缘。中心区域拥有优越的条件和较高的效益,因此占据主导地位;而边缘区域条件较差,效益较低,通常处于从属状态。生产要素从边缘区域向中心区域的净迁移是经济发展的自然趋势。在经济发展的早期阶段,一元结构尤为显著,呈现出以中心为核心的单核结构。随着经济进入起飞阶段,这种单一核心结构逐渐演变为多核心结构。进入可持续增长阶段后,政府政策的干预使得区域间的人口流动开始影响要素的流向,中心与边缘的界限逐渐模糊,空间经济逐步向一体化发展。区域协调发展理论对于指导区域经济的均衡发展具有重要意义。在推动区域经济均衡发展的过程中,政府和市场均发挥着不可替代的作用。必须加强市场在资源配置中的基础性作用,以促进资源的优化配置;同时,也要充分利用政府在市场失灵时的作用,共同推动区域经济均衡发展。

(五)区域经济梯度推移理论

梯度推移理论源自弗农(Vernon)等提出的商品生命周期理论,并在此基础上进行了深入的拓展研究。区域经济学专家将商品生命周期理论应用于区域经济领域,进而提出了区域经济梯度推移理论。该理论的核心观点是,由于地区间经济发展水平不均衡,自然形成了经济发展的梯度差异,这种梯度差异导致了经济活动的空间推移。梯度推移是一个由极化效应和扩散效应共同驱动的动力学过程。技术创新主要集中在高梯度区域,并随着商品生命周期的演进,逐步向低梯度区域扩散。商品生命周期的阶段性变化与高梯度区域的开发,一方面为周边地区带来优势和吸引力;另一方面,由于受市场规模的限制、企业间竞争和生产成本的影响,也会产生扩散效应,从而推动周边地区的发展。因此,在特定时期或范围内,形成了技术或生产力分布的梯度和持续迁移的趋势。每个国家和区域都位于特定的经济梯度之上。

各种区域经济不平衡发展理论都揭示了一个共同特点：区域经济发展是不均衡的。然而，随着经济水平的持续提升，二元经济结构将不可避免地向经济一体化演进。无论是增长极理论、不平衡增长理论，还是区域经济梯度推移理论都认为，无论经济发展处于何种阶段，都将不可避免地打破原有的平衡状态。区域经济不平衡发展理论主张优先发展一个或多个具有引领作用的行业（或地区），通过这些行业（地区）的发展带动其他行业（地区）的进步。

四、区域经济发展阶段理论

区域经济发展阶段理论主要包括经济成长阶段理论、倒"U"形理论、钟形发展理论和区域经济协调发展理论等。

（一）罗斯托经济成长阶段理论

经济史学家沃尔特·罗斯托（Walter Rostow）在总结发达国家经济增长的经验后，运用总量部门分析法，提出了一种基础的工业化道路模式。他将一国的经济发展划分为六个阶段：传统社会阶段、为起飞创造前提阶段、起飞阶段、向成熟推进阶段、高消费阶段、追求生活质量阶段。在这些阶段中，起飞阶段尤为关键。罗斯托指出，一个国家或地区要想实现经济起飞，必须满足三个基本条件：首先，资本积累率要高，即生产投资需占国民生产总值的10%；其次，必须确立一个主导产业，因为主导产业的发展速度超过了其他部门,它不仅能推动其他相关工业部门的发展,还能增加外汇收入;最后,必须进行体制、社会和政治等领域的改革。

(二)威廉姆森的倒"U"形理论

威廉姆森(Williamson)将库兹涅茨(Kuznets)关于收入分配的倒"U"形假设应用于区域经济发展分析,提出了倒"U"形的区域经济差异理论。在实证研究中,作者发现,随着经济增长和居民收入水平的提高,地区间收入差距总体呈现出倒"U"形,即先增大后减小。因此,在经济发展的初期,地区间的收入差距是不平衡的;但是,从长远来看,各地区的经济增长与人均所得均趋于平衡。威廉姆森认为,在经济发展初始阶段,区域发展差距拉大的不平衡过程是经济增长的必要条件;随着经济的发展,地区之间的不均衡程度会趋于稳定;当一个国家的经济达到成熟阶段时,经济的均衡过程,即地区之间的发展差距在缩小,从而趋向于平衡增长。该理论在区域空间结构变化分析中引入了时序问题。由此可以看出,这一倒"U"形理论的特点是,随着时间的推移,平衡和经济增长之间的替代关系呈现出非线性的变化。

(三)阿朗索的钟形发展理论

钟形发展理论由美国著名区域经济学家阿朗索(Alonso)于1980年提出,他引入了"钟形"模型来阐释经济发展的轨迹。该理论指出,在经济发展的初期阶段,各国经济增长表现出显著的不均衡性,存在富裕与贫困并存的区域。即便在同一地区,从人群财富分配来看,社会不平等现象也十分严重。随着某些城市或几个城市的迅猛发展,高速城市化成为经济增长初期的显著特征。随着经济的进一步发展,增长曲线出现拐点,社会和区域失衡以及地域集中达到峰值,而这一转折点标志着全国经济一体化的开始。当区域经济高度融合时,资本和劳动力的流动性进一步提升,导致地区发展趋向均衡,不再仅依赖少数几个中心城市。在地区发展的成熟阶段,经济增长速度放缓,社会贫富差距缩小,区域间的收入差异逐渐减少。

(四)区域经济协调发展理论

自 20 世纪 90 年代起,中国的区域经济理论构建于区域经济平衡与不平衡发展理论之上,并以此为依据展开了实证研究。该理论主张,区域间的分工应基于各自的比较优势,同时中央和地方政府都应积极支持并推动这一分工。理论强调将国家对特定地区的优惠政策与国家产业政策、地区优势相结合,即仅对重点开发区域的优势产业以及国家重点扶持的产业给予政策倾斜。国家的目标是推动经济发达地区的发展,同时不忽视落后地区,确保地区间差距控制在社会可接受的限度内。国民经济被视为一个统一的整体,要求各区域、各行业实现协调发展。因此,国家实施的倾斜政策必须适度,并且要在保持区域间、行业间协调发展的前提下进行。

五、区域经济发展经典理论对职业教育发展的指导作用

区域经济是指在特定地理范围内,经济要素及其分布紧密相连构成的一个综合体系。在区域经济发展的进程中,职业教育扮演着培养高技能劳动力的关键角色,对推动区域经济增长具有至关重要的影响。职业教育的进步能

够促进区域经济的持续发展，区域经济的繁荣亦能回馈职业教育，通过增加投资和创造就业机会等途径，促进职业教育的持续进步。区域经济与职业教育在共同的生存环境中相互依存、共同成长。二者之间存在着紧密的联系，因此，职业院校的发展战略必须受到地区经济发展理念和实际情况的制约。换言之，职业院校在制定对策时，必须基于对地方经济发展实际的深入研究和充分利用。基于此，我们提出了一项新的、符合时代需求的、可持续发展的战略。

（一）区域经济不平衡发展理论与职业教育

基于区域经济发展理论，中华人民共和国成立后实施了均衡发展战略，20世纪90年代之前转向非均衡发展战略，随后又采取了协调发展战略和西部大开发战略。我国区域经济已分化为东部、中部和西部三大板块，这些板块之间存在显著差异。基于此，区域经济不平衡发展理论被提出，为理解职业教育在不同区域发展不均衡的合理性提供了理论支撑。应用区域经济发展经典理论，有助于我们科学地认识和深入分析当前区域职业教育发展的不平衡现象，深入研究区域职业教育竞争力的形成、渗透、扩散和转换机制，进而促进地方职业院校教育质量的提升，实现职业院校教育结构的优化调整，为地方经济发展提供坚实的支撑。特别是在中国地区发展不均衡的背景下，提出了"区域优先发展""点轴发展模式""网络化发展"等理念，这些对于制定中国地区高等职业教育的发展策略具有重要的参考价值。

(二)区域经济协调发展理论与职业教育

目前,我国经济已步入新常态。随着"一带一路"倡议、京津冀一体化以及长江经济带等国家战略的推进,我国涌现出众多新兴行业和创新模式。"互联网+"、大众创业、万众创业等理念为国家和地区注入了前所未有的活力,同时也为职业教育带来了新的使命、机遇与挑战。依据《教育部关于深化职业教育教学改革全面提高人才培养质量的若干意见》(教职成〔2015〕6号)的指导方针,我们应依托"一带一路"、京津冀协同发展、长江经济带等国家重大战略,针对不同的经济带、产业带和产业集群,打造符合市场需求、特色鲜明、效益显著的专业集群。此外,构建东西部协作发展的协调机制,促进东西部地区教师职业发展的良性互动,也是一项关键的研究课题。

第二节 区域经济发展与职业教育的相互关系

教育与经济之间存在着复杂且多维的紧密联系,这是教育经济学领域的一个核心理论议题。其中,最根本的联系体现在两个方面:第一,经济及其所驱动的社会发展决定了教育的需求与供给,进而影响教育的规模、质量、结构以及发展速度。第二,教育为经济社会的进步提供了具备多样化技能的劳动力,从而推动了经济的增长。具体到区域经济与职业教育的关系,可以概括为:职业教育是区域经济发展的内在需求,其在培养人才方面始终以区域经济发展的实际需求为导向,二者之间相互支持、相互依赖。这是因为职业教育的发展规模和速度直接受地区经济发展水平的影响,其专业设置和课程结构由区域产业结构所塑造,而职业教育的层次结构则受到区域经济技术结构的限制。

一、区域经济发展水平决定职业教育发展规模

职业教育的发展受到地区经济需求和经济实力的限制。一个地区的经济发展水平,决定了对人才的需求量和质量。提高人才培养的质量和数量,都依赖相应的教育投资。由于职业教育是一项旨在培养人才的社会活动,它本身不具备盈利能力,因此其发展必须依赖物质资本的支持。各地区的总体经济发展水平对职业教育投资产生影响。第一,职业教育的办学基础是资金投入,没有资金支持,就无法实现规模扩张。第二,职业教育所需的人力资源也由经济实力决定。缺乏足够的教育经费,就难以组建一支高素质的教师队伍。区域经济对高等职业教育所能产生的社会剩余产品的数量、参与培训的人数以及投入的人力资源时长均具有一定的限制作用。一个地区的经济发展水平决定了其能提供的资金支持,缺乏地区经济的快速增长,地方职业院校难以实现显著的发展。

由于各区域经济发展水平存在差异,它们对职业院校的投入也存在显著差异,这进一步导致了职业院校办学规模和办学质量存在差异。数据显示,以2025年各省(区、市)所拥有的职业院校数量为比较指标,在经济较为发达的省(区、市),职业院校的规模和学生人数在国内处于领先水平。例如,江苏作为经济强省,拥有106所专科层次的职业院校,在全国超1500所高

职院校中占比较大；河南经教育厅批准有 105 所省内高校开展高职单招工作；广东有 92 所专科职业院校；山东则以 90 所职业院校位列全国第四。相比之下，西藏职业院校数量相对较少，青海有一定数量的职业院校，宁夏的职业院校数量在全国占比也较低，具体数据虽暂无精准统计，但从整体格局来看，与经济发达地区差距显著。这些数据充分表明，职业教育具有鲜明的市场导向性，区域经济实力越强，对人才的需求越旺盛，职业教育发展也就越迅猛。

二、区域经济类型决定职业教育人才培养层次

区域经济结构对职业教育的水平具有决定性影响。在不同国家、同一国家的不同地区，由于经济结构类型存在差异，职业教育水平也呈现出不同的特点。例如，新加坡在职业教育领域已经赢得了国际社会的广泛认可。新加坡将职业教育的人才培养目标定位在培养初级研发技术人才上，以满足经济建设的需求，这一目标相较于我国职业院校培养高素质、高技能人才的定位更为高端。这主要得益于新加坡经济结构的转型基本完成，其劳动力密集型工业大多已转移到国外，而传统工业和新兴工业则主要依赖技术创新。目前，我国正处于经济结构战略性调整的关键时期，经济结构的变化趋势主要体现在三个方面：首先，服务业发展迅速，其比重逐渐上升；其次，经济增长的科技含量不断提升，资源节约型和环保型经济已成为必然趋势；最后，劳动密集型产业开始向东部地区转移，同时西部地区也开始承接这类产业。当前的经济结构决定了我国职业教育在相当长的一段时间内，仍将以培养高技能和高质量人才为主要目标。

然而，随着经济全球化和新型工业化的加速推进，以及科学技术的迅猛发展，我国已经认识到建立现代职业教育体系对于提高国家竞争力的重要性。构建一个合理的现代职业教育体系，不仅能够推动职业教育更好地服务于经济转型、结构调整、改革深化、就业保障和民生改善，而且对于实现工业化、信息化、城镇化和农业现代化具有重要的制度意义。教育部在《现代职业教育体系建设规划（2014—2020年）》中明确指出，未来职业教育的发展方向是在现有高职院校的基础上，发展应用技术类院校，培养专业人才。应用技术类本科院校在高等教育体系中扮演着至关重要的角色。

三、区域经济结构决定职业教育人才培养方向

职业院校必须积极适应经济社会发展的需求，将培养目标明确指向就业市场。为此，应依据地区经济与行业发展的现状及趋势，对人才培养方案进行科学且合理的规划，旨在为区域经济发展培育出具有高素质和高技能的人才。鉴于不同地区的经济结构存在差异，职业教育的人才培养模式不能一概而论。在当前经济发展和经济结构优化升级的背景下，职业院校需针对地区经济结构的特点，打造具有地方特色的教育模式。这要求职业教育的专业设置必须与地区经济的产业结构相匹配，实训基地的建设要满足地区经济技术发展的需求，而规模的设定则应与地区经济对人力资源的需求相符。职业教育应根据经济发展的实际需求，培养各类技能型人才。以就业为导向的人才培养计划的制订，是实现培养目标的核心。目前，大学生就业困难已成为普遍的社会问题，然而，职业院校的毕业生就业形势相对乐观，特别是那些符

合经济发展需求的专业人才更是供不应求。职业教育只有紧跟经济发展的步伐，才能有效地服务于地方经济。因此，职业教育人才培养模式的选择，应由区域经济的发展和经济结构的调整来决定。

四、职业教育影响区域经济的比较优势发挥

相对优势的核心在于，由于生产要素的相对稀缺性、经济发展水平和收入水平的差异，各种生产要素价格不一致，进而形成了区域间相同商品生产成本存在差异。职业院校在推动地区经济竞争力方面扮演着至关重要的角色。

第一，职业教育的状况直接关系到劳动者的素质，而劳动者的素质又通过技术技能和劳动熟练度对劳动分工和生产效率产生影响，从而影响其他比较优势条件的实现。如果劳动力素质与生产要素不能有效结合，那么"因地制宜"的发展策略将难以实现。第二，劳动力市场中人的素质和技能水平是决定劳动力比较优势的关键内在因素，而高水平的技能是发挥这一优势的基础。

在经济成长和产业结构调整的背景下，高新技术的发展催生了电子、信息、新材料、新能源等新兴产业，促使传统农业向现代农业转型；各行业的生产方式也从劳动密集型逐步转向技术密集型；对技术工人、初级和中级人才的需求转变为对中高级人才的培养，这需要职业教育来满足。同时，随着城市化进程的加速，大量农村人口将转移到当地的第二、第三产业。这部分人群普遍缺乏专业技能，文化程度和技能水平较低，无法满足城市化建设的需求，因此需要接受职业教育，以转化为具有较高素质的技能型人才。因此，

旨在培养专业化人力资本的职业教育，在直接参与经济活动时展现出极强的主动性和能动性，对提升区域经济的比较优势具有显著影响。

五、职业教育影响区域经济发展软环境的建设

经济成长的软环境，指的是在经济发展过程中不可或缺的人文道德环境。在市场经济的发展进程中，构建一个良好的软环境是地区乃至整个社会经济发展的根基与先决条件。经济增长过程中若出现信用危机，将极有可能导致经济运行效率的降低，并可能引发一系列社会问题。区域间经济发展水平的差异，在很大程度上受到这一经济软环境的影响。规范经济秩序和树立诚信风尚，主要依赖法治建设、执法机关的严格执法，以及全社会的舆论引导、教育和监督。在这一过程中，职业教育的发展扮演了至关重要的角色。职业教育有助于学生塑造与社会主义市场经济相适应的生活观、世界观和人生观。通过引入现代文明、科学知识和思维方法，人们能够摆脱无知和迷信，促进体制改革，树立优良风气，从而推动地区经济的进步。

此外，教育部等六部委联合发布的《现代职业教育体系建设规划（2014—2020年）》，强调了高等职业教育在技术和文化传承中的核心作用。该规划提倡将具有民族特色的产品、工艺和文化与现代化职业教育相结合，将民族文化融入学校教育的各个方面。特别重要的是，要重视民间传统手工艺的传播方式，逐步建立现代化民族手工艺职业学院的传承与创新体系，致力于培养民间艺人、技艺大师以及非物质文化遗产的传承人，这是一项不可或缺的责任。

六、职业教育影响区域经济发展战略的选择

教育发展水平的区域差异对我国人力资本的形成具有显著影响。例如,在那些教育基础坚实、劳动力素质高、人才资源丰富的地区,只要体制和金融体系完善,就有可能将高新技术产业培育成区域经济的龙头。相反,鉴于我国目前教育发展水平相对较低,劳动力素质不高,人力资本储备有限,发展以资源为基础、以劳动力为主导的工业,更能体现效率原则。因此,在教育发展和人才资源分配不均的背景下,国家的发展战略应从依赖自然禀赋转向多元化的发展战略。从区域经济的实际情况出发,发展职业院校是解决企业人力资源短缺、减轻就业压力、推动经济增长的关键。职业教育能够吸引年轻人,通过教育和培训,赋予他们扎实的理论知识和精湛的技能,这既是一个教育过程,也是一种"再创造"的过程。通过这样的培训,可以为本地区的产业发展培养大量技术工人,进而促进当地经济的发展。高等职业教育的规模、质量和特色,直接关系到一个地区的产业发展策略的制定和布局。

总的来说,职业教育是地方经济发展的必然选择,其发展必须与地方经济发展的需求相适应。区域协调发展应适应产业结构调整、生产技术进步和区域经济发展速度等因素,对区域发展战略进行动态调整和优化。可以说,在地区经济发展的推动下,高等职业教育制度的变革是必然趋势。区域经济发展应从产业结构调整、经济增长模式选择、所有制结构调整、区域经济发展层次提升以及区域科学技术结构的调整等方面着手。为了确保区域内高素质、高水平的可持续发展,职业院校的办学规模应与其办学条件相匹配。"发展规模"与

"供给资源"的协同性，不仅是判断一个地区高等职业教育发展现状及未来趋势的重要指标，也是评价其发展水平的主要指标。目前，尽管许多地方的职业院校已经取得了显著发展，但职业院校的师资队伍建设仍需加强。

中共中央、国务院印发的《教育强国建设规划纲要（2024—2035年）》明确指出，要加快建设现代职业教育体系，培养大国工匠、能工巧匠、高技能人才。这一纲领性文件为当下职业教育的发展锚定了清晰方向。2024年，职业教育领域诸多关键指标与建设成果，切实彰显出其为国民经济发展提供强大支撑的实力。

就规模与普及度而言，职业院校的吸引力持续攀升，在校生人数稳步增长。2024年，在国家积极推动职业教育高质量发展的政策导向下，各地加大招生宣传力度，优化招生政策，使得更多学生愿意投身职业教育领域，为后续行业人才储备注入新鲜血液。职业教育集团办学规模不断扩大，截至2024年，全国已建有国家级市域产教联合体34家，省级市域产教联合体200余家。这些联合体整合各方资源，将教育链、人才链与产业链、创新链深度融合，有力促进了区域产业发展与人才培养的协同共进。

实训基地建设成果斐然，骨干专业覆盖率大幅提升。各地围绕区域产业布局和经济发展规划，大力建设高水平产教融合实践中心。这些中心不仅具备实践教学功能，还能开展真实生产、社会培训以及技术服务，真正实现了学与用的无缝对接。以制造业为例，相关实训基地引入先进设备与工艺，学生在实训过程中就能接触到行业前沿技术，毕业后可迅速适应企业岗位需求。职业院校校园网覆盖率近乎全面普及，教育数字化进程加速推进。从以联结为先、内容为本、合作为要的"3C"理念，迈向集成化、智能化、国际化的

"3I"理念，职业教育通过数字化手段打破了时空限制，实现了优质教育资源的广泛共享。学生可随时随地获取丰富的学习资料，开展线上线下混合式学习，教师也能借助数字化工具创新教学方法，提升教学效果。

展望未来，中国高等职业教育将聚焦重点领域，持续发力。教育质量提升仍是核心任务，各院校将深入推进专业、课程、教材、教师、实习实训等关键要素改革。在专业设置上，紧密贴合市场需求与产业升级趋势，2024年，教育部完成《职业教育专业目录》增补工作，共增设40个新专业，涵盖中职、高职专科以及职业本科，进一步优化了专业布局，确保培养的人才精准对接产业需求。在课程建设方面，持续推动首批重点领域职业教育专业课程改革，深化在线精品课的开发与建设，本年度评选并公布了914门国家在线精品课程，为教学提供了优质资源支撑。

第三节 区域经济与职业教育发展的协调性分析

一、区域经济与职业教育发展协调性内涵

（一）协调性的内涵

协调发展指的是不同领域及其内部各个层面在数量和质量上实现平衡与适应的状态。换言之，在开放互动的环境中，经济和社会的各个要素相互依赖、相互适应，共同促成一种良性循环和有序运作，进而实现共同发展的局

面和过程。特别是在国内研究领域，关于如何促进教育与经济之间的和谐发展，已经形成了一种具有代表性的观点。

林勇（2003）提出，教育投入需与经济发展保持同步，教育发展速度应适度，各级教育均衡发展，全民教育水平持续提升，以实现教育与经济的协调发展。

贾彦东等（2006）认为，教育与经济协调发展表现在三个方面：首先，经济发展促进教育投入的持续增长；其次，教育投入的增加带来教育质量的提升；最后，教育水平的提高进一步推动经济发展。

蒋作斌（2006）指出，要实现教育与经济社会的协调发展，关键在于妥善处理教育发展与社会经济发展之间的关系。

刘前冬（2012）提出，教育与经济协调发展的三个层面包括：一是经济发展带动教育投资增长；二是教育投资的增加提高人力资本质量，改善教育条件，扩大教育规模；三是教育水平的提高促进经济发展。当一个国家或地区同时满足以上三个条件时，即可称为教育与经济和谐发展。

王海花（2013）强调，"协调"是一个动态且具有目的性的概念，它贯穿事物发展的全过程，调节各要素以确保总方向的发展；协调是要素性的，由相关事物或现象构成；它是一个统一的整体，包含活动过程的量、度和质的统一；协调是有条件的，需要外部条件保证事物的正常运行。

李明（2015）在深入探究区域教育与经济发展关系时指出，协调性体现于教育投入结构应契合经济产业结构调整。随着新兴产业崛起，如信息技术、新能源等领域对专业人才需求大增，教育资源需向相关专业倾斜，实现教育供给与经济需求在结构上的动态适配，以保障人力资源的精准对接，促进产业升级与教育发展的协同共进。

赵强（2017）从教育规模扩张与经济承载能力角度分析，认为协调性要求教育规模增长应基于经济发展所能提供的就业岗位、财政支持等条件。当经济处于快速增长期，对高素质劳动力需求旺盛，教育规模适度扩大能为经济注入活力；若经济发展放缓，教育规模盲目扩张则可能导致人才过剩，造成资源浪费。只有二者相互适应，才能达成良性循环。

孙悦（2019）强调教育质量提升与经济创新驱动间的协调。在知识经济时代，经济创新依赖高素质人才与前沿科研成果，这促使教育从注重规模向提升质量转变，加强实践教学、科研创新能力培养，以满足经济创新发展对人才知识结构、创新思维的要求，推动教育与经济在质量维度上的协同提升。

周洋（2021）认为，关注到教育与经济在空间布局上的协调。不同地区经济发展水平、产业特色各异，教育资源布局应因地制宜。经济发达地区可侧重发展研究型高等教育，助力高端产业创新；经济欠发达地区则优先完善基础教育与职业教育体系，为本地产业发展提供基础人才支撑，促进区域间教育与经济的均衡协调发展。

陈妩（2022）通过对珠三角核心区的深入调研，指出区域教育发展规划与经济发展战略的协同制定，是保障教育与经济协调发展的制度性基础。在珠三角，地方政府在制定教育规划时，充分结合区域产业转型升级方向，提前布局新兴产业相关专业教育，引导教育资源向重点产业领域汇聚，实现教育供给与经济需求在政策引导下的精准对接。

吴悠（2023）进一步提出，教育与经济的协调性还涵盖教育产出与经济回报的平衡。教育投入不仅要关注人才培养数量与质量，更要衡量其转化为经济价值的效率。通过完善产学研合作机制，加速科研成果产业化，提升人才就业质量与创业成功率，使教育投入在经济领域获得合理回报，激励教育持续投入与创新发展。

郑辉（2024）提出从教育质量评估体系与经济发展需求适配性角度，对国内多个行业企业进行问卷调查，结果显示，超过80%的企业认为当前教育质量评估应更注重学生的实践能力、创新思维与团队协作等综合素质，与企业实际需求的契合度需进一步提升。构建融入企业评价、行业标准的教育质量评估体系，成为促进教育与经济协调发展的当务之急，以确保教育产出符合经济发展对人才质量的要求。

综合近年来专家观点，在新时代背景下，教育与经济协调发展的内涵更为丰富多元，不仅体现在教育投入与经济增长同步、教育质量提升与经济发展相互促进，还涵盖教育结构与经济结构适配、教育规模与经济承载能力契合、教育质量与经济创新需求协同、教育空间布局与区域经济特色相符，以及教育产出与经济回报平衡等多个维度。只有各要素在总量、结构、质量、空间等方面全方位协调，才能实现教育与经济相互适应、相互促进、共同发展的理想状态，为社会可持续发展奠定坚实的基础。

（二）协调性的主要特征

区域经济与职业教育发展的协调性主要体现在总量的协调和结构的协调两个方面。

1. 总量的协调

协调性体现在区域经济与职业教育在规模和速度上的匹配，同时追求效率与均衡的双重目标。职业教育若规模缩减、发展迟缓，则无法提供足够的、具备必要科学文化素质的劳动力，这将无法满足经济对人力资源的需求，从而对经济的持续健康发展构成阻碍。反之，职业教育若过度扩张、发展过速，而未能与经济发展需求同步，将导致职业教育资源的浪费，并可能将本应用于其他领域的经济资源不当地转移至职业教育，这同样会对经济的正常发展造成延误。

2.结构的协调

区域经济发展与职业教育发展之间存在着结构性的协调关系。这种协调性主要表现在以下三个方面：首先，职业教育的垂直结构需与经济结构中的技术层次相匹配。其次，职业教育的水平结构应与产业结构及就业结构保持一致。具体而言，职业教育的层次及其结构应适应经济部门对劳动技术的需求；职业教育的门类和专业设置应与产业结构相契合。最后，职业教育的空间布局应与国民经济的区域分布相协调。

二、区域经济与职业教育发展协调性度量

为了评估区域经济与职业教育之间的协调发展，必须将职业教育的均衡发展与经济的持续增长紧密融合，确保宏观政策与微观措施的有效对接，从而实现既具有操作性又具备实际指导价值的策略。此外，该模型能够适用于不同地区和不同发展阶段，对职业教育与经济增长之间的相互作用进行深入分析和评估，进而为区域职业教育的发展规划和指导提供坚实的理论支撑。

本研究秉持科学性、连贯性、统一性、可比性和操作性等原则，对区域

经济、职业教育的规模与结构进行了详尽的测量与研究。

（一）区域经济与职业教育的规模协调性研究

反映区域经济发展规模的指标主要包括 9 个指标，如表 5-1 所示。

表 5-1 区域经济发展规模的指标

变量	指标内容
Y_1	国内生产总值
Y_2	人均 GDP
Y_3	财政支出
Y_4	财政收入
Y_5	城镇可支配收入
Y_6	农村纯收入
Y_7	居民消费支出
Y_8	工业总产值
Y_9	固定资产投资额

反映职业教育发展规模的指标主要包括 6 个指标，如表 5-2 所示。

表 5-2 职业教育发展规模的指标

变量	指标内容
X_1	职业院校数
X_2	毕业生数
X_3	招生数
X_4	在校学生数
X_5	学校职工数
X_6	专任教师数

根据数据来源的可取性和方便性原则，我们可选取人均生产总值 Y 为区

域经济发展规模的代理变量，选取在校生数 X 为职业教育发展规模的代理变量，建立基础模型：

$$Y=\alpha+\beta X+\mu$$

简单来看，我们可以利用该回归方程的相关系数来简单判断区域经济发展和职业教育规模之间是否存在相关性以及相关性的大小，进而说明二者之间的协调性问题。

（二）区域经济与职业教育的结构协调性研究

根据现行《国民经济行业分类》（GB/T 4754—2017）最新版，第一产业即农、林、牧、渔业，包括农业、林业、畜牧业、渔业以及它们的服务业。像谷物种植、豆类种植、蔬菜种植等农业种植活动，林木育种育苗、造林更新等林业活动，牲畜家禽饲养等畜牧业活动，水产养殖捕捞等渔业活动，以及灌溉、农产品初加工等农业服务业活动都包含其中。第二产业涵盖采矿业，制造业，电力、热力、燃气及水生产和供应业，建筑业。采矿业有煤炭、石油天然气、金属矿、非金属矿等开采及相关辅助活动；制造业涉及农副食品加工、食品制造、纺织、化工、机械制造等众多领域，从农产品加工到高端装备制造均有囊括；电力、热力、燃气及水生产和供应业负责能源及水资源的生产与供应；建筑业通过建设、改建、装修和拆除房屋、土木工程、市政工程等活动，提供各类建筑设施服务。第三产业也就是服务业，包含批发和零售业，交通运输、仓储和邮政业，住宿和餐饮业，信息传输、软件和信息技术服务业，金融业，房地产业，租赁和商务服务业，科学研究和技术服务业，水利、环境和公共设施管理业，居民服务、修理和其他服务业，教育，卫生和社会工作，文化、体育和娱乐业，公共管理、社会保障和社会组织，国际组织等。其中，批发和零售业涵盖商品批发与零售；交通运输涉及铁路、道路、水上、航空等多种运输方式；信息传输、软件和信息技术服务业包含电信、互联网、软件开发等业务；金融业包括银行、证券、保险等金融服务。

因此，反映区域经济发展结构的指标主要包括12个指标：A_1、A_2、A_3是概括性指标，A_4、A_5……A_{12}是细分指标，具体如表5-3所示。

表5-3 区域经济发展结构的指标

变量	指标内容
A_1	第一产业占GDP比重
A_2	第二产业占GDP比重
A_3	第三产业占GDP比重
A_4	农林牧渔业占GDP比重
A_5	工业占GDP比重
A_6	建筑业占GDP比重
A_7	批发和零售业占GDP比重
A_8	交通运输、仓储和邮政业占GDP比重
A_9	住宿和餐饮业占GDP比重
A_{10}	金融业占GDP比重
A_{11}	房地产业占GDP比重
A_{12}	其他占GDP比重

与国家统计局的产业划分标准相对应，第一产业的专业大类应包括农、林、牧、渔专业，第二产业的专业大类包括材料与能源、资源开发与测绘、土建、制造以及轻纺食品专业，第三产业的专业大类是除去第一、第二产业对应的专业以外的剩余专业。因此，反映区域职业教育专业结构的主要指标

第五章 区域经济发展与职业教育

有 12 个：B_1、B_2、B_3 是概括性指标，后面 9 个包括 B_4、B_5……B_{12} 是细分指标（如表 5-4 所示）。

表 5-4 区域职业教育专业结构的指标

变量	指标内容
B_1	第一产业对应专业占专业总数比重
B_2	第二产业对应专业占专业总数比重
B_3	第三产业对应专业占专业总数比重
B_4	农林牧渔业对应专业占专业总数比重
B_5	工业对应专业占专业总数比重
B_6	建筑业对应专业占专业总数比重
B_7	批发和零售业对应专业占专业总数比重
B_8	交通运输、仓储和邮政业对应专业占专业总数比重
B_9	住宿和餐饮业对应专业占专业总数比重
B_{10}	金融业对应专业占专业总数比重
B_{11}	房地产业对应专业占专业总数比重
B_{12}	其他专业占专业总数比重

比较一个地区产业结构与职业教育专业结构协调程度，最容易的方法是比较 3 个指标，即 A_1 和 B_1，A_2 和 B_2，A_3 和 B_3，或 A_4 和 B_4，A_5 和 B_5，A_6 和 B_6……A_{12} 和 B_{12}。在每一组中，两个值之间的距离越近，则说明二者的协调性越好；二者之间的差异越大，说明协调程度越低。

综上所述，一个国家的经济发展水平直接决定了其对职业教育的投资规模、发展速度以及人才培养的质量。同时，一个地区的经济总量同样对职业教育的规模产生影响。通常情况下，经济较为发达的地区能够提供更多的就业机会，对高技能人才的需求随之增加，这自然导致对职业教育的需求量上升,以及对教育层次的更高追求。同时,在经济发展的进程中,技能不足的劳动力必须被淘汰,劳动力市场也需要不断吸纳掌握新技术、新方法和新技能的人才。这就要求职业教育机构必须及时调整其专业结构和层次结构,更新教学内容,以适应经济发展的需求,进而影响职业教育的质量。

职业教育的发展速度和质量,与区域经济实力息息相关。要实现职业教育的各类保障条件,资金投入是不可或缺的物质基础。没有足够的经济条件支持,职业教育的快速发展便无从谈起。只有充分落实了所有条件,才能保证教学活动的正常进行,进而推动职业教育的快速发展。因此,各地区的经济发展水平对职业教育的质量具有显著影响。只有在总量与结构上实现平衡与适配,才能确保职业教育与经济发展相互适应、相互促进,共同实现协调发展。

第六章　区域产业结构与职业教育

第一节　产业经济经典理论

一、产业生命周期理论

产业生命周期描述了企业行为随时间变化的轨迹，呈现出特定的阶段性特征和普遍规律。该领域的研究发端于 20 世纪 80 年代，最初是产品生命周期研究的延伸。1982 年，高特（Gort）和克莱柏（Klepper）首次提出了产业生命周期的概念。他们通过对 46 种产品的销售、价格和产出时间序列数据进行分析，将企业数量（净进入数量）细分为五个阶段：进入期、大量进入期、稳定期、大量退出期和成熟期，从而创建了全球首个产业生命周期模型，即 G-K 模型。

每个行业都经历着自身的生命周期，其发展轨迹通常呈现为"S"形曲线。这种标准形态的生命周期包括成型阶段、成长阶段、成熟阶段和衰退阶段，其划分依据主要是该行业在整体经济中的比重及其增长率的变化（如图6-1所示）。

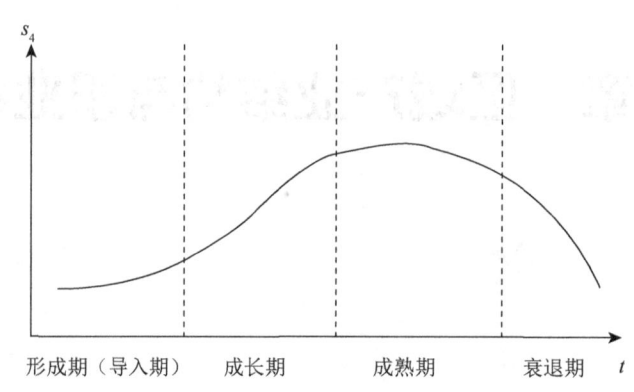

图6-1 产业生命周期的四个阶段

第一阶段：形成期（导入期）

在产业形成阶段，市场对该产业的产品接受需要一个过程，因此，初期需求不大，产业成长会受现实需求的约束。

第二阶段：成长期

当某产业的产出在整个产业系统中的比重迅速增加，并且该产业在产业结构中的作用也日益扩大时，就可以认为该产业已经度过了形成期而进入成长阶段。

第三阶段：成熟期

当一个行业在经历了长期的快速增长之后，其产品在需求侧已被消费者广泛接受，市场容量达到相对稳定的水平，该行业的发展速度自然会减缓。与此同时，第三产业对产业结构变化的影响也已显著显现。因此，发展速度的减缓标志着我国房地产业正从成长期过渡到成熟期。

第四阶段：衰退期

当市场上出现一种经济上可替代该产业的新产品时，相关行业的市场需求会显著减少，销售量迅速下降，该行业在整体经济中的占比亦会随之降低，这标志着该行业已步入衰退期。产业衰退是产业经济自然更迭的必然趋势。所谓产业衰退期，指的是产业本身被取代，同时催生出新的产业和产品的发展过程。旧产业的衰落与新产业的兴起并存，推动工业经济体持续更新换代，维持其活力，并进一步促进工业经济和国民经济的持续增长。

二、产业布局理论

产业布局是人类对产业空间分布的策略性安排，它是一种关键的资源配置手段。产业布局理论主要探讨在经济发展不同阶段，区域内各类工业的空间组合模式及其普遍规律，旨在合理利用本地资源，以实现区域利益的最大化。值得注意的是，工业布局与产业布局有所区别：工业布局指的是在市场机制作用下自然形成的产业空间结构，而产业布局则涉及对产业进行有意识的再分配过程。产业空间布局能够促进产业空间的快速演变，确保产业布局与国家整体利益相符，并纠正不合理的产业布局。区域产业布局通常基于地理环境的相似性、产业间的紧密联系、经济发展水平和布局现状的相似性，以及经济中心的强大力量。

产业布局的理论模型包括增长极分布模型、点轴分布模型、网络分布模型和区域梯度发展模型等。

（一）增长极分布模型

法国经济学家弗朗索瓦·佩鲁提出的增长极理论指出，在国家经济增长的进程中，特定的主导产业或创新型企业倾向于在某些特定地区或城市集中。这种现象催生了一种经济发展的模式，即资本和技术的集中，导致这些区域的快速增长并产生显著的经济效应。根据这一理论，国家在规划产业布局时，应首先考虑区域特性来确定主导产业，然后通过一系列直接或间接的策略，将这些选定的主导产业融入相应的区域，从而形成集聚经济和增长极。通过增长极的扩散效应，可以逐步推动周边地区的经济发展。

（二）点轴分布模型

点轴分布模型是增长极分布模型的延伸。其核心理念在于：社会经济活动主要集中在特定的点上，并通过线性基础设施构建起一个有机的空间结构系统。从产业经济发展的空间进程来看，工业，特别是某些工业，最初倾向于向条件优越的城市集中，形成点状分布。这些工业节点被称作区域增长极。点与点之间通过弯曲的基础结构相互连接。随着经济的进一步发展，工业节点逐渐增多，节点间的经济联系日益紧密，这不可避免地促进了交通、通信等线路的建设，这些线路被称为"轴"。最初，轴线是为了服务各个节点而建立的，但当轴线形成后，它们不仅改善了沿线地区的生产和生活条件，还吸引了产业和人口向轴线两侧聚集，形成新的工业节点。这样，点轴体系得以形成，通过点带动轴、轴带动面的方式，推动了区域经济的整体发展。

（三）网络分布模型

网络分布模型是点轴分布模型的延伸。其空间结构主要涵盖三个核心要素：首先是"节点"，指的是不同等级和类型的小城镇；其次是"域面"，即特定节点所具有的引力作用范围；最后是"网络"，它是由物流、资金、技术、信息和劳动力等多种生产活动交织而成的复杂体系。网络化发展是对现有点轴线系统的进一步加强与拓展。通过加强和深化区域内的路网系统，提升区域内各节点的联系，特别是节点之间的联系，构建一个"点""线""面"为有机整体的网络，旨在高效利用区域资源，促进区域经济的融合与增长。基于此，通过网络的扩展，加强与外部其他区域的经济网络联系，将本区域的经济和科技优势向周边地区辐射，推动生产要素在更广阔范围内实现最优配置。

（四）区域梯度发展模型

梯度迁移理论构成了区域梯度发展的理论基础。鉴于经济技术发展的不平衡性，不同区域在经济技术发展水平上展现出显著差异，形成了所谓的经济技术梯度。在区域发展的进程中，应当依据各地区的实际梯度分布情况，优先促进高梯度地区的成长。这意味着，那些条件成熟的高梯度地区应优先采纳和发展新技术、新产品以及新产业。随后，这些高梯度地区的进步将逐步向中梯度地区和低梯度地区扩散，从而实现更为均衡的经济发展态势。

三、产业结构演变理论

产业结构指的是工业部门在经济活动中的相互关联性。经济增长本质上是一个持续优化产业结构的过程。随着现代经济的发展,生产分工变得更加专业化,分工的深化也使得产业结构的效益得到提升。产业结构随着经济社会的发展而不断演变,展现出一定的规律性。

在产业结构的演进理论方面,一些具有代表性的理论包括李斯特产业结构阶段论、配第—克拉克定理、罗斯托经济成长阶段论、钱纳里工业化阶段理论以及赤松要雁行模式理论等。

(一)李斯特产业结构阶段论

1841年,德国经济学家弗里德里希·李斯特(Friedrich List)在其著作《政治经济学的国民体系》中提出了著名的"五阶段论"。他阐述了一个国家的经济发展大致会经历五个阶段:原始蒙昧时代、畜牧业时代、农业时代、农业与制造业并存时代,以及最终的制造业和商业时代。李斯特认为,国家的政治体制、科技水平、人口素质以及国民的精神面貌,都是推动生产力发展和工商业繁荣的关键因素和源泉。

(二)配第—克拉克定理

配第—克拉克定理由英国经济学家威廉·配第提出初步思想,后经科林·克拉克进一步论证完善。该定理以三次产业分类法为基础,揭示了经济发展过程中产业结构演变的基本规律。

配第最早发现，随着经济发展，不同产业间的收入差异会促使劳动力在产业间转移。克拉克在此基础上，通过对多个国家经济发展和劳动力产业分布数据的分析，明确指出：随着国民收入水平的提高和经济的发展，劳动力首先从第一产业向第二产业转移；当人均国民收入水平进一步提升时，劳动力又会向第三产业转移。这种转移趋势的根本原因在于各产业间收入的相对差异，人们为追求更高收入，会不断从收入低的产业流向收入高的产业。

该定理对经济发展理论和实践具有深远意义。它不仅为分析一个国家或地区产业结构的演变趋势提供了重要理论依据，也能帮助政府判断自身经济发展阶段，从而制定合理的产业政策。例如，在工业化初期，政府可重点扶持第二产业发展；在经济发达阶段，则需大力推动第三产业繁荣，促进产业结构优化升级，实现经济可持续发展。

（三）罗斯托经济成长阶段论

罗斯托根据科学技术的进步和生产力的发展水平，将经济增长划分为五个阶段：第一阶段是传统时期，这一时期缺乏现代科技和生产力。第二阶段是创造"起飞"条件的阶段，现代科学技术开始对农业和工业产生显著影响，劳动人口占总人口的比例超过75%，并且劳动力逐渐从农业转向工商部门。第三阶段是与工业革命相伴随的"起飞"时期，由一个或几个主导经济部门推动国民经济增长。第四阶段是成熟期，此时现代科技已被广泛应用于大多数资源，投资率达到了10%~20%。第五阶段是高消费群体阶段，这是一个工业化程度极高的时期，主要产业已经转向生产耐用消费品和服务业。

(四) 钱纳里工业化阶段理论

钱纳里（Chenery）从长期经济发展的视角出发，审视了制造业各行业在制造业中的地位与角色的演变，揭示了制造业内部结构变迁的内在动因，即行业间的产业关联性。他将制造业的发展划分为早期、中期和晚期三个阶段。基于此，他将我国制造业细分为三类产业。钱纳里依据不同的经济发展阶段和不同产业的特性，提出了著名的钱纳里工业化阶段理论。

(五) 赤松要雁行模式理论

世界经济发展的关键趋势之一是其一体化进程。在成长与壮大的道路上，一个国家必须优化其工业结构，实现内外贸易的融合。日本经济学家赤松要先生提出的"雁行模式"旨在将国内工业发展与国际市场紧密相连，以推动国内工业的国际化进程。对于正在发展的新兴国家而言，其产业化进程可以细分为四个阶段：首先，进行新产品研究与开发，并在国内市场建立立足点。其次，国内市场饱和后，产品开始外销，进而开拓国际市场。再次，随着国外市场的建立，技术设备出口、当地生产和销售成为可能。最后，当国外生产能力形成后，产品返销国内，以低价竞争迫使国内同类产品减产，从而激励新产品的发展。

(六) 工业结构演变规律

现代发达国家普遍经历了工业化进程。经验表明，为了实现GDP的持续增长，必须先经历工业化阶段，积累必要的经验。在这一过程中，随着农业在经济中所占比重的下降，人均 GDP 相应地得到提升。工业结构的演变遵循一定的普遍规律，通常被称为产业结构的演进规律。工业化进程可以划分为三个阶段：第一阶段是工业重心从轻工业向重工业转移的"重工业化"时期；第二阶段是重工业化的延续，此时工业结构从以原材料工业为主转向以加工和装配工业为主导，这一现象被称为"高加工度化"；第三阶段是随着工业结构的进一步高加工度化，工业各部门采用的技术日益增多，技术密集型和高科技产业得到广泛应用，工业结构因此展现出更高的技术层次，这一阶段被称为"技术集约"阶段。

四、产业经济经典理论对职业教育发展的指导作用

（一）产业生命周期理论与职业教育专业生命周期

职业教育的专业结构是其适应经济和社会发展能力的最佳体现。专业结构的合理性，首要的标志在于是否满足经济社会发展的需求。产业结构映射了一国的经济结构，并与特定历史阶段的产业结构紧密相联，这是经济社会发展的必然趋势。因此，与行业生命周期的规律相呼应，各专业的成长也拥有其自身的生命周期。依据这一成长轨迹，可以辨识出新兴专业、核心专业和衰退型专业。针对专业生命周期的不同阶段，应采取差异化的战略措施，如支持、转型合并、新建等。

（二）产业布局理论与职业教育

产业布局模式，如增长极布局、点轴布局、网络布局以及区域梯度发展布局，对产业发展具有显著的聚集效应和扩散效应。产业集聚，亦称产业集群，涉及大量同类或相关企业基于某种经济联系在特定区域内的集中，形成类似生物体的产业生态群。这种集中为参与企业带来了诸多益处，包括生产力的提升、创新的促进以及行业品牌的建立。通常，产业集群形成后，能够通过降低成本、激发创新、提高效率和强化竞争等手段，提高区域的竞争力，进而构建起集群竞争力。此外，集聚效应能够改善创新环境，加速生产率的增长，并对新创企业的成长产生积极影响。

产业集群的形成和发展与区域职业教育的发展密切相关。产业集聚不仅是某一特定行业内部企业的高度集中，它还伴随着服务体系的不断完善。随着产业规模的扩大，对配套服务设施的需求也随之增长，如交通系统、金融机构的整合以及教育的发展等。特别是随着行业对劳动力数量和质量要求的提高，教育培训业，尤其是职业教育与培训，得到了发展和壮大。此外，当产业集聚区的品牌效应显现时，区域内支持该产业的职业学院也会受益，其知名度和影响力相应提升。

产业扩散是指产业集聚达到一定规模后，向周边地区扩展的现象。这种扩散主要由两个因素驱动：第一，随着产业集聚体的成长，其扩张会逐渐纳入周边区域，使其成为聚集体的一部分。第二，过度集聚导致的规模经济效应会提高生产和运营成本，促使产业向外围地区扩散。产业扩散通常分为邻域扩散和等级扩散两种模式。邻域扩散描述的是经济要素从中心核心区域向周边逐步扩展的过程,而等级扩散则涉及经济要素从高级核心区域向低级核心区域迁移,并可能跨越一定距离向更远地区扩散。

产业扩散的形态和方向对职业教育产生了深远的影响。第一,它影响了职业教育的布局。第二,它影响了职业教育的办学水平。对于低科技产业而言,产业扩散通常从中心城市向周边城市辐射,带动了周边地区的经济发展。为了满足这些城市工业发展的需求,职业教育应运而生,并以产业为中心向外扩展,以扩大其服务范围。在高科技产业中,产业扩散往往采取等级扩散的方式,即从一个技术极点向另一个技术极点扩散,形成一定的技术梯度。当一个国家(或地区)向另一个国家(或地区)进行产业扩散时,后者为了满足自身产业发展的技术需求,将推动职业教育在办学水平上取得突破。

产业布局与职业教育之间的互动关系主要体现在产业布局所产生的聚集效应和扩散效应上。这两个效应直接影响到特定区域职业教育的形成和发展,进而影响职业教育的专业设置、分布和层次。职业教育的发展反过来又能促进产业集聚规模的扩大,吸引周边产业向当地扩散。

(三)产业结构演变理论与职业教育

随着人类社会和经济的持续发展,产业结构不断经历调整和变革。特别是在当前竞争激烈的环境下,信息技术的迅猛发展催生了众多新兴产业,各国纷纷致力于优化自身的产业结构。

职业教育与工业发展紧密相连,因此在产业结构演变的过程中,职业教育也展现出其内在的联系。第一,随着产业结构的演进,职业教育的层级结构也相应地发生了变化。在产业结构尚处于初级阶段，即以第一产业为主导时，职业教育主要培养初级技术人才。随着产业结构向更高端发展，职业教育的培养目标也相应提升，从初级人才逐步过渡到中级乃至高级人才。第二，产业结构的演进也影响了职业教育的专业结构。职业教育旨在为工业发展培养技术人才，与行业发展紧密相关。因此，在产业结构演变的不同阶段，职业教育的专业结构需要与之相适应，以满足产业结构特点的需求。

第二节 区域产业结构与职业教育的相互关系

一个国家或地区的经济发展状况如何，往往取决于对劳动力的需求，这同样是衡量国家和区域经济发展水平的关键指标。职业院校培养的高技能人才对工业发展和产业结构的调整与升级产生着积极影响。产业结构随着人类社会和经济的进步而演变。特别是在当前这个高度竞争的年代，信息技术的迅猛发展和新兴产业的不断涌现，推动了职业院校的兴起，这在行业发展达到一定阶段后成为一种必然趋势。高等职业教育的发展速度、结构和层次的变化，与产业结构的变迁紧密相连；同时，随着我国经济和社会的快速进步，我国的经济社会发展水平也在持续提升。

一、产业结构决定职业教育的发展层次

产业结构的演进对劳动者的素质提出了更高的要求。在工业结构尚处于

第六章　区域产业结构与职业教育

初级阶段时，劳动力市场主要需要初级技能人才。然而，随着产业结构的持续优化，对人才素质的要求也在不断提升，从熟练劳动力向技能型人才转变，并逐步向高科技人才倾斜。职业教育作为培养技能型人才的关键基地，必须在高层次产业发展的背景下，不断调整和优化其教育结构。

通常，一个国家的科技水平由高、中、低三个层次构成，中国也不例外。一般情况下，当一个国家的中、高科技产业比重超过50%时，技能人才培养的重心将从中等职业教育转移到职业教育，并对职业教育提出更为严格的要求。技术结构主要反映在劳动力生产过程中的自动化程度上。地区技术结构的变迁和发展，以及对人才素质的要求，直接决定了职业教育人才培养水平的高低。不同地区、不同产业之间的技术构成水平发展极不平衡。部分经济发达地区的技术水平已达到较高水准，产业升级加速，处于工业化中后期发展阶段；而经济欠发达地区仍存在大量技术水平滞后的行业与企业，这些区域的工业化进程尚处于初期阶段。这种显著的区域技术发展差异，使得不同地区对人才的需求层次呈现出多样性。经济发达地区需要大量掌握高端技术、具备创新能力的高素质技能人才，以支撑产业的智能化、高端化发展；经济欠发达地区则更亟需能够掌握基础生产技术、熟悉传统工艺流程的实用型人才。因此，为满足各地区、各产业的差异化人才需求，职业教育的层次必然呈现多元化发展态势。

随着我国产业结构逐步向高技术含量方向发展，相应的职业教育发展水平也在提升。国际职业教育的总体趋势表明：职业教育水平随着社会的发展和技术的进步不断"上移"，其层次应与产业结构的发展状况相匹配。

二、产业结构决定职业教育的专业设置

产业转型对职业教育提出了更高级别的需求。随着产业结构的不断升级,社会分工的专业化程度日益加深,专业技术岗位的数量持续增加,相应地,人才需求的类型与规格也发生了转变。这要求职业教育的专业设置结构必须作出相应的调整。目前,第二产业,尤其是制造业,作为国民经济的支柱产业,对技能人才的需求量巨大。然而,在职业教育体系中,专业设置需要与产业结构相匹配。以我国职业教育为例,其主要目标是培养高技能人才,但职业院校的就业率并不理想。这主要是因为专业设置结构失衡,受到短期利益的驱动,许多职业院校将专业集中在第三产业,而忽视了第二产业迫切需要的人才培养,从而导致了毕业生的结构性就业问题。

三、产业结构影响职业教育的地区分布

职业教育具有鲜明的职业导向性,其核心功能是直接服务地方经济社会发展,因此必须紧密依托区域经济特色。无论是专业设置还是人才培养模式,都需精准对接地方经济形态与产业结构的实际需求。

从区域发展格局来看,我国东部、中部和西部呈现出显著差异。以上海、北京、天津等为代表的东部发达城市,已进入工业化中后期阶段,其产业结构高度依赖技术密集型和知识密集型产业,相应地,对技术创新型人才的需

求尤为旺盛。中部地区正处于工业化加速发展的中期阶段，产业结构以资本密集型和技术密集型产业为主导，因此对具备熟练技术和实操能力的技能工人需求持续增长。而西部地区尚处于工业化起步阶段，尽管现阶段对技术工人的需求规模已十分庞大，但随着先进技术设备的不断引入和产业升级推进，未来对高素质技术人才的需求将呈现爆发式增长态势。由此可见，职业教育必须因地制宜，依据不同区域的发展特征和人才需求，构建差异化的人才培养体系。

四、职业教育合理发展推动产业结构调整

产业结构的优化主要依赖资金与人力资源的合理配置。相较于资金流形式的资本，人力资源结构对产业结构效益的影响更为显著且长远。人力资本的数量、质量和相对价格是影响产业结构变迁的关键因素，其能否与资产结构和技术结构的优化过程相匹配，直接决定了产业结构是否能够持续优化。职业教育应根据行业需求，设计合理的教育结构，为其培养人才，以最大限度地满足产业结构的发展需求，从而推动产业结构的发展；反之，如果职业教育的发展规模不能与产业结构调整需求相匹配，将不可避免地减缓产业结构调整的进程，进而影响产业结构的优化升级。

职业教育不仅培养了大量高素质的应用型技术人才，也孕育了众多高技能人才。20世纪60年代，德国能够迅速摆脱战后严重衰退的困境，并在20世纪90年代跃升为世界经济的领导者，其合理的职业教育体系，特别是70年代兴起并普及于德国各地的高等专科学校与职业学院，发挥了不可磨灭的

作用。美国的职业教育体系,包括社区学院、四年制大学以及研究生教育等,也在一定程度上稳固了美国在世界强国中的地位。作为后发和赶超型国家,我国为了促进产业结构的调整和优化,可以考虑适度超前发展职业教育,从劳动力要素的角度促进产业结构的调整。教育部等六部门联合发布的《现代职业教育体系建设规划(2014—2020年)》提出"在现有专科院校基础上,发展应用技术类院校,培养职业院校本科层次人才",正是基于这种考虑,提出了一项重要的发展战略。

五、职业教育发展水平影响产业结构优化升级的高度

职业教育的专业结构受社会生产分工和社会职业结构的深刻影响。随着社会生产分工的持续演变,职业教育的专业结构亦应相应作出调整。通常,职业教育涵盖初级、中级和高级三个层次。观察整体趋势,社会生产对劳动力的需求持续增长,其中半熟练和熟练工人的比例逐渐减小,而技术工人(如熟练工、技师和工程师)的比例则稳步上升。随着社会生产从劳动密集型向技术密集型的转变,职业教育层次的提升成为适应技术结构升级的必然选择。

产业结构的演变与职业教育的层次和专业结构之间存在一定的互动关系,尽管这种互动并非总是对称的。产业的发展催生了职业教育,并在推动产业结构向更高层次发展方面发挥着关键作用;同时,产业结构的高级化也是职业教育发展的自然趋势。这是一个相互促进、循环往复的过程。

第三节 产业结构演变与职业教育发展的协调性分析

随着人类社会的不断进步、经济的持续发展以及技术的不断创新,产业结构也在不断地调整和变革。尤其是信息技术的飞速发展,导致各国产业结构调整的步伐日益加快。职业教育的兴起,是工业化发展到一定阶段的自然产物。一方面,产业结构的调整直接影响职业教育的发展速度、方向以及层次深化的规律;另一方面,职业教育在规模、结构、质量等方面的调整与优化,也将推动产业结构向更加合理、协调的方向发展。进化是一个从低级向高级发展的过程。产业结构的演化,指的是在社会经济发展的历程中,三次产业之间的比例关系和结构从低级向高级转变的过程。社会资源在不同行业间不断流动,协调行业间的关系,寻求资源的合理分配与优化,最终体现为三次产业结构的优化和升级。

一、职业教育与产业结构演变历史发展

(一)职业教育的产生是为适应产业发展的需要

在工业革命之前,全球各国普遍以农业和个体手工业为经济基础,教育体系主要以学徒制为主导。学徒制是一种以家族传承和师徒间直接传授为核

心的教学模式,其主要教学环境为工作现场,教学内容侧重于手工技艺的传递。尽管如此,学徒制并不等同于现代意义上的职业教育。

工业革命起始于18世纪中叶的英国,并迅速蔓延至欧洲大陆、北美以及其他诸多国家。这场革命以机器生产为核心的工厂制度取代了手工操作的作坊模式。工业革命的爆发和发展极大地加速了欧美地区的工业化进程,并对欧洲的职业教育产生了深远的影响。

工业革命彻底改变了学徒制。机器的使用和生产过程的分工化,将产品的整个制造过程拆分为一系列独立的操作环节,工人无须花费数年时间学习全部工序,而是能在较短时间内掌握参与当地生产的技能。

随着工业革命的推进,近代职业教育开始全面兴起。工业革命不仅极大地提升了社会生产力,还要求劳动者具备更高的智力素质和对机器生产科学原理的深入理解。社会生产力的提升和物质财富的不断积累,为职业教育的建立和发展提供了坚实的物质基础。因此,近代职业教育应运而生,其核心内容是传授科学的生产原理和技术知识。由于现代职业教育依托学校这一教育机构,能够高效地培养出大量不同层次和类型的专业技术人才。这种既节约时间又高效的教育模式一经推出,便受到了各国工业界的青睐,从而促进了现代职业教育的蓬勃发展。

(二)职业教育的发展与产业结构演变的互动

为了满足工业发展的需求,职业教育应运而生。自其诞生以来,职业教育的发展与产业结构的演变紧密相连,相互促进。

第一,职业教育是推动我国产业结构向高级化转变的关键因素。产业结构的高级化是一个产业从低级向高级演进的动态过程，涉及向高技术、高知识含量、高加工度和高附加值方向发展。这一过程以产业技术水平的提升和新兴产业逐渐占据主导地位为特征。例如，第一次工业革命以蒸汽机的发明和应用为核心，结束了手工业时代，催生了纺织、冶金、采煤等产业，并使之成为主导产业；第二次工业革命以能源革命为标志，催生了电机、电气、精细化工、通信等产业，随后汽车和飞机制造业兴起；第三次工业革命则基于电子技术和基因工程，催生了计算机、核能、航空航天等新兴产业。这些新产业的涌现，标志着产业结构向更高端的方向演进。

职业教育在促进产业结构升级中扮演了关键角色，为产业发展提供了大量生产和技术型人才。科技创新催生新兴产业后，这些新兴产业需要大量技术人才和基层管理者以确保其稳定发展。职业教育恰好满足了新兴产业对技能人才，特别是基层操作人员的大量需求。

第二，产业结构高级化的进程对职业教育的发展起到了重要的推动作用。随着产业结构向更高级别发展，工作变得更加复杂，对员工技能的要求也随之提高。因此，职业教育作为技能人才培养的主要场所，必须相应地提升其教育层次，以适应高层次产业结构的需求。职业教育层次与高层次产业结构之间存在着相互促进的关系。

二、发达国家或地区职业教育发展与产业结构演进的协调性分析

职业教育与工业发展紧密相连，因此它与产业结构的演变之间存在着密切

的联系。第一，职业教育的层次结构与产业结构的演变息息相关。在产业结构尚处于较低水平，即以第一产业为主导的阶段，职业教育主要致力于培养初级技术人才。随着产业结构向更高层次发展，职业教育培养的人才水平也在不断提升，从初级人才逐步过渡到中级人才，最终达到高级人才的培养。第二，职业教育的专业结构会随着产业结构的演变而作出调整。鉴于职业教育旨在为工业发展培养产业工人，它与行业的发展状况紧密相关。因此，在产业结构演变的不同阶段，不同的产业结构特点要求职业教育的专业结构与之相适应。

由于各国的产业结构不同，在不同的结构状况下，职业教育的培养目标也各不相同；从产业结构、职业教育与中间环节的关系来看，二者之间也存在着较为密切的互动关系。

（一）美国职业教育与产业结构演进分析

在产业升级的背景下，美国职业教育经历了学徒制、综合中学和社区学院三次重要的调整，以适应产业变革的需求。特别是近年来，随着信息技术和生物技术等领域的飞速发展，美国产业结构开始加速转型，导致劳动密集型产业面临更严峻的淘汰和转移压力。与此同时，以信息技术为代表的高新技术产业迅猛发展，产品更新换代的速度不断加快。从产业结构分析，美国第三产业在国内生产总值中的占比约为80%，而第一产业的比重不足2%，产业结构呈现出典型的"三、二、一"格局。在美国职业教育体系中，社区学院是一个极具特色的组成部分。在美国，只有少数职业院校，类似于我国的职业院校和职业高中，它们通常设在公立中学内。学生在这些学校中会花费一半的时间学习职业教育课程，另一半时间则用于学习普通课程。毕业后，许多学生会选择进入社区大学继续深造。社区学院承担着双重职能：一是根据经济需求设置专业和课程，使学生毕业后能够直接就业；二是为学生提供继续深造的机会，毕业后可直接升入相关院校的三、四年级继续学习。这种模式有效地将职业教育与普通高等教育结合起来，相得益彰。美国职业教育培养的是"宽专多能型"人才，这与美国发达的第三产业、高科技产业及其对高技能劳动力的迫切需求是相匹配的。

（二）德国职业教育与产业结构演进分析

14世纪至第二次世界大战之后，德国职业教育的发展历程揭示了一个规律：该国的经济发展水平直接决定了产业结构和专业结构的演变。中等和高等职业技术院校的专业设置，是依据当地的经济发展状况来定制的，这一点值得我们参考。鉴于德国自然资源的稀缺，其经济和社会的进步主要依靠出口高质量的工业产品，同时，农产品、工业原料以及其他资源类产品也是其依赖的经济支柱。德国经济的核心产业集中在第二产业，而其工业的四大支柱产业包括起重机制造业、电子电气工业、汽车工业和化学工业等。

20世纪60年代至70年代，德国的工业结构经历了剧烈的转型。在生产领域，经济部门从以农业和工业为主转向服务业；以通信和服务业为支撑的第三产业开始超越第一、第二产业，成为主导产业。第三产业的就业人数显著增加，目前已成为德国最大的就业群体。为了满足社会对人才需求的不断提升，德国在新时期的专业设置上展现了现代化的特征。具体来说，第一，为了适应经济社会发展的需求，在快速发展的就业领域开设新专业。在过去10多年中，德国新增了28个专业。第二，加速现有专业的现代化建设。20

世纪末,德国修订了 73 个专业,从培养目标到教学内容,都体现了现代性和时代特征。

三、我国职业教育发展与产业结构演进协调性分析

职业教育,作为一种教育形式,与经济社会的发展紧密相连。随着产业结构的调整和城市化进程的加速,对劳动者素质的要求日益提高。劳动力市场对人才质量的需求不断演变,每一次经济结构的调整都会引起职业教育的相应波动。经济结构的转变势必带来人力资源需求的新变化,以及新的配置模式。新兴产业的兴起,呼唤着大量高素质的专业人才。产业的调整同样会引发人才和劳动力的流动,导致众多人员面临下岗或转岗的窘境,同时技术革新也会使得现有员工的能力不再符合岗位需求。这些情况迫切要求职业教育的介入和发展。

自改革开放以来,我国产业结构的演变与职业教育之间的互动关系可以划分为两个阶段:产业结构扩张阶段和产业结构优化阶段。

(一)产业结构扩张阶段:基本协调

第一阶段(1978—1995 年)是我国产业结构的扩张阶段。在此期间,我国工业发展的特征表现为:传统工业以农业为主导,新兴工业虽逐渐兴起,但规模较小,竞争力不足;农村劳动力的转移并不充分;产业结构的扩展主要体现在多元产业结构向较低层次的延伸。这一时期三次产业结构和劳动结构的比重也有所体现。同时,我国中等职业教育正处于快速发展阶段的初期,基本满足了改革开放后工业发展对中高级技术人才的需求。这一时期,经济

发展与职业教育之间呈现出一种相对协调的关系。

（二）产业结构优化阶段：不协调

第二阶段（从 1996 年至今）是我国产业结构的优化阶段。这一时期的主要特征是在知识经济全球化的推动下，竞争模式经历了从数量到技术、创新和效率的转变。随着效率较高的工业部门的崛起，第一产业的增长有所放缓，第二产业的增长趋于稳定，而第三产业的增长则开始加速。尽管产业排序从"一、二、三"演变为"二、一、三"，并在 2012 年甚至出现了"三、二、一"的变化，但在 2010 年之前，第一产业在劳动力比重中仍占据首位。2014 年的统计数据揭示了第三产业、农业和农村经济的比重基本持平，但第三产业在农业和农村经济中的表现略显不足；第一产业和第二产业的比重与人口比重不匹配，存在人力资源短缺的问题；同时，第一产业职工的比例与整体职工比例之间也存在不协调，导致了人员过剩。目前，企业员工的技术水平和知识结构与行业发展水平之间存在显著差距。因此，我国当前的产业结构、技术结构与人才结构之间存在严重的不协调。近年来，我国三次产业结构历经深度调整，劳动结构比重也随之显著变迁，深刻反映出经济发展的动态趋势。2024 年，国内第三产业增加值达 765 583 亿元，增长率为 5.0%，增加值比重攀升至 56.7%，这一数据直观展现出第三产业在国民经济中越发凸显的主导地位。与此同时，随着科技赋能与产业升级，第一产业加速向现代化、智能化农业转型，第二产业中的传统制造业借助数字化、智能化技术迈向高端制造领域，新兴产业（如高端智能装备、新能源、新材料等）蓬勃兴起，极大改变了劳动力技能需求结构。

（三）从产业结构演变规律看我国职业教育的发展

根据产业结构演变的规律，随着工业化进程的深入，三次产业的比重将逐渐从第一、第二产业向第三产业转移。一方面，通过调整三次产业的比重，可以实现产业结构的整体优化，即从目前以第二产业为主导，转向第三产业在产值和就业比例上超越第二产业，甚至超过第一产业。第二、第三产业的内部结构持续优化，而第一、第二、第三产业的劳动生产率也在不断提升。为了实现经济发展模式的转变和产业结构的优化，必须相应提升劳动要素的各种条件。目前，我国劳动力要素以技术型劳动力为主，要实现经济转型，就需要具备技能特征的劳动要素。为了满足我国经济发展对技能人才的庞大需求，必须不断扩大职业教育的供给规模，并持续改善供给结构。

1. 第一产业领域的发展趋势

第一产业，尤其是农业，将继续推动农业现代化进程，完善现代农业产业体系。我们必须加速农业科技创新，实现农业技术的集成应用、劳动的机械化以及管理的信息化。高效现代农业的发展对从业者的技能水平提出了更高要求，因此职业教育应培养他们适应新技术和新方法的能力。

2. 第二产业领域的发展趋势

第二产业构成了我国当前经济的支柱，而产业结构的调整已经成为迫切的任务。尽管我国已经成为全球制造业的巨头，但众多制造业企业仍然处于全球产业链的较低端，这导致了产品数量众多、质量上乘，但附加值较低的问题。为了维持并提升中国工业的竞争力，并确保在未来国际竞争中保持重要地位，我国正从"制造大国"向"制造强国"转型。在这一过程中，需要大量高素质的一线劳动者。在"十三五"期间,进一步加大对第二产业人力资本的投资,将是我国产业结构升级的关键。职业教育必须承担起培养能够适应现代技术装备要求的劳动者这一重任,以推动我国制造业向产业链的高端发展。

3. 第三产业领域的发展趋势

推动第三产业的蓬勃发展,已成为经济社会进步的必然方向。当前,第一、第二产业为第三产业打下坚实基础,为第三产业的进一步拓展提供了广阔空间。同时,第三产业的发展也是第一、第二产业演进的自然产物。第三产业不仅创造了大量就业机会,还蕴含着丰富的科技元素,展现出巨大的发展潜力。随着服务业规模的持续扩大,尤其是生产服务业对专业人才的需求日益增长,职业教育作为开发人力资源、提升一线劳动者素质的关键途径,显得尤为重要。因此,在经济转型的关键时期,职业教育肩负着一项历史性的使命:必须大力发展,不断扩大其规模和提升教育质量,以更有效地促进劳动力素质和技能水平的提升。

中国经济的发展模式转型应致力于实现需求、产业和要素三大结构的转变。这一转型的核心在于产业结构的调整与优化,而产业技术模式的转变和要素结构的优化对于产业结构的调整尤为关键。职业教育作为教育与经济之间最直接的桥梁,是生产社会化和工业化的摇篮。职业教育的质量直接影响着我国经济建设中一线高素质劳动者和技能型人才的培养。观察全球各国的实践,我们可以发现,经济越发达的地区,尤其是那些工业附加值较高的行业,职业教育的贡献率也越高。因此,为了有效地转变经济发展模式,全面提升劳动者的素质,职业教育扮演着至关重要的角色,这是一项意义深远且任务艰巨的使命。我们必须推动经济向产业链的高端环节迈进。

第七章 区域职业教育协同发展机制和策略

第一节 协同发展基本内涵和创新方式

一、协同发展基本内涵

（一）协同学理论

协同学研究的是开放系统中各子系统在非线性相互作用下产生的协同效应，这一效应使得系统能够从混沌状态向有序状态转变，或者从低级有序向高级有序发展，甚至从有序状态再次转向混沌。这一理论由德国杰出的物理学家哈肯教授提出，他在斯图加特大学工作期间于20世纪70年代创立了协同学。

在1981年出版的《20世纪80年代的物理思想》一书中，哈肯（Haken）阐述了所有开放系统——无论是微观、宏观还是宇宙级别的，无论是自然现象还是社会结构——只要满足特定条件，就会形成非平衡态的有序结构。这正是协同学所揭示的机制。哈肯还指出，系统之所以表现出无序状态，是因为众多因素相互竞争，没有一个能够完全占据主导地位。然而，当客观条件达到某一临界点时，通常只有两三个因素能够保持平衡状态，加上一些偶然因素的作用，使得其中一个因素占据主导地位，导致系统呈现出相应的状态。由于这一过程是在特定的客观条件下自发进行的，因此它属于自组织现象。自组织过程通常需要与外界交换能量或物质，因此无论是有序还是无序状态，都是由多种因素共同作用的结果。

正是基于这些原因，哈肯将他的理论命名为"协同学"。协同学的核心内容可以概括为三大类。

首先是协同作用。在一个开放且庞大的系统中，无论是自然系统还是社会系统，所有元素都遵循特定的规律运行。当这些子系统（或元素）受到外部物质或能量的影响，并且达到某个临界点时，它们之间会产生相互作用，形成一定程度的协同效应。在这一过程中，系统从无序状态向有序、稳定状态转变，最终实现一种动态平衡，这便是协同作用的本质。

其次是"役使"原理，其也被称作随动原理或优势原理，它是协同学理论的核心。该原理指出，在由多个子系统（或元素）构成的任何系统中，互动过程中总有一个或几个起主导作用的因素（序参量），它们能够控制或决定系统其他变量的行为，并引导系统的发展方向。正如哈肯所言，"序参量能够像雪崩一般席卷整个系统，掌握全局，主导整个系统的演化"。

最后是"自组织"原则。这一原则描述的是系统中的各个元素，在没有外部指令的情况下，能够自发地按照一定规律形成特定的结构和功能。简言之,系统内部的子系统(或元素)在外部物质、能量和信息等输入条件下,通过协同效应实现质的转变。

通过这三个核心内容,我们可以更深入地理解复杂系统如何运作和演化。

(二)协同发展

根据哈肯的理论,协同是指系统内各部分相互配合,共同作用,从而使得整个系统的效能超越各部分单独作用之和的结构状态。这一概念不仅揭示了系统内部协调与协同的过程,也展现了系统在这一过程中达到的最优结构状态。协同现象普遍存在于各个领域,并且是所有系统演进的自然趋势。换言之,协同描述的是系统中各个子系统(或元素)在运作过程中相互适应,形成协调一致的动态,引发质的变化。

协同发展意味着系统中各部分在多个层面上和广泛领域内相互支持和深入合作。基于相互配合,各部分的特性得以相互强化,共同朝着一个目标前进,弥补不足,发挥潜力,推动整个团队共同进步,实现整体提升,使各方受益。协调发展是一种注重整体性、综合性和内在性的聚合式发展方式,它不侧重于系统中单个要素的成长,而是更关注系统内各要素之间的协调与良性循环。在这里,"发展"指的是系统运动的方向,"协同"则是对这一运动趋势的合理限制和规范。

二、协同创新的方式

由于区域协同创新多种多样,因此区域协同创新方式也是多种多样的。

按照不同的划分标准则有不同的创新方式，如表 7-1 所示。

表 7-1 区域协同创新的方式

序号	划分标准	类型
1	按照区域创新发展的实际需要划分	点对点协同方式
		点对链协同方式
		网络协同方式
2	按照创新过程中不同主体发挥作用的大小划分	政府主导的协同创新
		企业主导的协同创新
		高校和科研院所主导的协同创新
		以中介机构为纽带的产学研一体协同创新
3	按照创新主体交流方式不同划分	以合同形式确定的协同创新
		以项目合作为主的协同创新
		以基地合作为主的协同创新

（一）按照区域创新发展的实际需要划分

1. 点对点协同方式

点对点协同方式是指创新主体之间形成的一对一的协作行为，其特征是协同方式简单，目标一致，协同效果局限于双方。这一方法在非关键技术创新中应用较多。

2. 点对链协同方式

点对链协同方式涉及一家企业与多家科研机构之间的联合创新。这种模式通常由具备一定经济实力的企业主导，通过整合众多科研院所的技术专长，促进产品升级并获得市场竞争优势。第一，它也可以指一家科研院所与多家企业之间的合作，这种合作更多地依赖科研院所的市场优势，将技术成果推向市场。第二，点对链协同方式也可以是政府与多家企业之间的合作，其目标是针对某一地区特定产业的发展。第三，它还可以是一家政府与多家科研院所的联合创新，旨在进行重大基础研究或共享技术研发。第四，这种模式也可以是一家公司或多家公司与政府的合作，这通常体现了政府对某一行业或特定技术研发活动的支持。

3. 网络协同方式

网络协同方式，即由众多政府部门、企业、大学以及科研机构构成的组织，共同致力于创新活动。在实际经济活动中，这种模式极为常见。然而，它也面临着目标一致性难以达成、参与主体间关系错综复杂以及管理上存在挑战等难题。

（二）按照创新过程中不同主体发挥作用的大小划分

1. 政府主导的协同创新

政府在推动突破性创新方面发挥了领导作用。突破性创新涉及新产品和新流程，能够对经济的各个领域产生深远影响，并催生新的经济增长点。为此，政府不仅提供资金支持，还致力于营造有利环境，构建坚实的知识基础，承担高风险、高不确定性的早期研究工作，规划创新成果的最佳应用领域，并探索将创新成果商业化的方法。区域协同创新指的是不同行政区域的政府通过政策或战略合作，促进高校、研究机构与企业之间的知识流动，优化跨区域的知识配置，实现知识共享。地方政府通过产业政策、税收优惠和金融支持等措施，激励企业将知识应用于实际生产活动，进而推动地区经济的发展。

2. 企业主导的协同创新

在明确了目标市场并确定了提升竞争力所需的技术之后,企业便着手制定创新战略。当企业专注于原始技术的改进时,它将对资源进行整合,将生产资源转化为消费品。在这个阶段,作为产品创新的核心,公司牢牢掌握着产品设计、生产和销售的主导权。学院和研究中心机构则为企业创新提供必要的技术支持与服务,而政府则为企业创新营造了良好的环境,并提供了政策上的支持。

3. 高校和科研院所主导的协同创新

科学与技术知识的产生构成了创新过程中的基石。大学致力于基础研究,一旦取得新的发现,企业若认识到其潜在的实际价值,便会积极寻求与大学的合作,期望共同开拓未来更大的价值创造空间。

4. 以中介机构为纽带的产学研一体协同创新

在复杂的产品创新中,创新主体主要通过中介组织搭建的平台来实现资源共享和协作分工,从而推动主体创新的顺利开展。

(三)按照创新主体交流方式的不同划分

1. 以合同形式确定的协同创新

为实现创新,企业和政府都要与高校和科研机构签订合作合同,明确各方的权利和义务,以确保创新活动的顺利开展。

2. 以项目合作为主的协同创新

为实现某一重大项目或重大产品创新,企业或政府与其他企业、大学、研究机构及中介机构共同出资金、人力、知识和技术开展研发工作,以达到创新资源互补、创新成果共享的目的。

3. 以基地合作为主的协同创新

协同创新，以基地合作为核心模式，涉及政府、企业、大学、研究机构以及中介组织等多方共同参与的技术创新平台。在这个创新平台上，各创新主体能够充分利用自身优势，致力于基础研究、应用研究以及技术创新。此外，通过管理协同、战略协同和业务协同，可以实现产学协同创新的高度集约化。

第二节 区域职业教育协同发展机制构建的参与要素及其功能

《国家中长期教育改革和发展规划纲要（2010—2020年）》中明确指出，国家要大力发展职业教育，借以推动经济发展、促进就业、改善民生，发展职业教育是解决"三农"问题的重要途径，是缓解劳动力供求结构矛盾的关键环节，必须摆在更加突出的位置；实行工学结合、校企合作、顶岗实习的人才培养模式；努力构建并健全政府主导、行业指导、企业参与的办学机制，制定促进校企合作办学法规，推进校企合作制度化。这确立了近10年我国职业教育发展的重要性和重点工作，并用制度的形式明确了校企合作的重要性。同时，也可以看出，在我国区域职业教育协同发展过程中，主要参与要素包括作为主导者的政府、作为指导者的行业组织、作为主要参与者的企业，以及作为主体的职业院校。

第七章　区域职业教育协同发展机制和策略

一、政府的主导地位和功能

政府作为区域职业教育协同发展的主导者，其主要功能包括统筹规划、法治建设、经费保障、引导扶持等。

（一）统筹规划

现代国家的一项关键职能是充分利用民众赋予的权力，以经济、行政和法律手段作为工具，对社会进行有效管理，确保其正常运作。在国家层面，必须强化区域间的合作，推动职业院校与地方经济的共同进步；在地方层面，国家应适当调整高等职业教育的规模、结构和布局，以适应地方的经济和社会发展需求，为高等职业教育的发展确立恰当的方向，并妥善处理职业院校与企业之间的合作关系。

（二）法治建设

发达国家高度重视通过立法手段促进职业教育的健康发展，为此制定了相应的法律法规，确保职业教育的发展有法可依，并为其各项活动提供了坚实的保障。例如，德国于1969年颁布了《职业教育法》，1981年实施了《职业教育促进法》，以及美国于1963年颁布的《职业教育法》和1982年颁布的《职业培训合作法》。澳大利亚也出台了《职业培训法修正案》（1978年）和《培训保障法》（1990年）。日本则有《产业教育振兴法》（1951年）和《职业训练法》（1958年）等。在中国，《中华人民共和国职业教育法》于1996年正式颁布，对职业教育的地位、作用、体制、结构、指导原则、管理制度和经费筹措等方面作出了明确的规定。地方政府应遵循国家的相关法律法规，制定配套措施，完善地方职业教育体系，确保区域职业教育的协调发展制度化。近年来，国家推出了一系列政策以推动区域职业教育的协调发展，但目前仍缺少法律和法规层面的激励与保障。在制定政策和法规时，政府应能在制度和机制上彻底解决区域职业教育协调发展中的根本矛盾，降低合作发展过程中的交易成本，维护合作组织的稳定性，并对其运作进行监督，以实现职业教育可持续发展。

（三）经费保障

教育作为一项公益事业，其稳健前行离不开政府的坚实支撑。在我国，当前职业教育投资主要依赖政府力量，然而投资多元化已然成为不可逆转的趋势。《中共中央办公厅 国务院办公厅印发〈关于深化现代职业教育体系建设改革的意见〉的通知》清晰界定了职业教育在国家发展战略中的关键地位，为职业教育投资明确地规划了方向。2024年，财政部下达现代职业教育质量提升计划资金预算，着重强调各地财政部门务必高度重视职业教育投入工作，积极优化教育支出结构，切实落实新增教育经费向职业教育倾斜的要求，全力构建多渠道筹措职业教育经费的体制。

就生均经费标准而言，目前已针对不同专业类别制定了差异化标准。例如，旅游服务类（不含烹饪专业）、财经商贸类专业，每生每年2800元；农林牧渔类、资源环境类专业，每生每年3300元等。同时，各地正积极探索基于专业大类的职业学校生均拨款差异化模式，逐步提高生均拨款水平。

从国家层面出发，应进一步细化职业教育经费投入标准，构建长效保障机制。不仅要确保经费投入稳定增长，更要使资金精准流向实训设施建设、师资队伍培养等关键领域。地方政府则需要严格执行国家资金投入相关制度，结合本地产业特色与职业教育发展的实际状况，出台适配的保障措施。比如，在制造业发达的地区，可加大对机械制造、自动化等专业的经费支持力度；在旅游资源丰富的地区，可着重扶持旅游服务类专业发展，以此确保职业院校和职业培训机构的财政资金能够持续稳定增长，为职业教育高质量发展奠定坚实的基础。

（四）引导扶持

鉴于我国职业教育的基础尚显薄弱，并且长期以来受到历史和文化传统中某些观念的不利影响，许多人对职业教育持有偏见，将其视为"次等教育"，认为它缺乏发展前景。这种误解不仅扭曲了公众对职业教育的认知，也对职业教育的健康发展构成了阻碍。因此，国家应当在政策和制度层面加大对职业教育的关注和支持力度。需要强化政策扶持，出台包括优惠产业政策、税收减免和金融支持在内的措施，激励不同地区和参与方在多个领域展开合作；积极引导社会整体转变对人才的看法，确立尊重劳动、知识、技术以及创新的价值观念，从而提升职业教育在社会中的地位和吸引力；同时，应充分利用教育舆论和政策的引导作用，营造一个有利于职业教育发展的社会环境，确保每个人都有机会成长成才，充分展示自己的才华。

二、行业组织的指导地位和功能

行业组织作为政府与企业、商品生产企业与经营者之间的桥梁，是一个非营利性的机构。在推动区域职业教育的协同发展中，行业组织扮演着至关重要的角色，它不仅提供专业指导，还促进信息共享，并执行监督与评估的职能。

（一）专业指导

行业组织在本领域扮演着至关重要的角色，它们是职业资格标准的主要制定者、市场信息的传播者、专业培养目标的引导者，同时也是政府、学校与企业之间沟通的桥梁。纵观全球，那些职业教育发展较为先进的国家，都极为重视行业组织的作用。以德国为例，其职业教育体系分为联邦、州、区域和产业四个层级。德国《职业教育法》规定，每个行业协会都应设立职业教育委员会，这是一个专门负责职业教育管理的机构。除遵守国家法律外，该委员会还负责制定职业教育的规章制度，并组织学业考试等。在澳大利亚，全国工业顾问机构的数量多达21个，它们由全国培训局协调，协助开展相关工作。这些行业组织参与了职业能力标准的制定、国家职业资格认证体系的构建以及技术学院的专业建设等。2011年，教育部发布的《关于充分发挥行业指导作用推进职业教育改革发展的意见》明确指出，应以企业为核心，推动产教融合，加强产业与教育的对接。确保职业院校在发展规划、教学内容、培养规格、人才供给等关键环节与企业需求紧密相连，发挥其不可或缺的重要作用。2025年，为进一步科学引领职业院校的发展方向，教育部积极扩充并优化职业院校教学督导体系。在原有的职业院校教学督导小组基础上，新增了多个聚焦新兴领域的督导小组，涵盖人工智能、新能源、工业互联网等前沿行业领域。这些行业指导委员会的主要任务是研究产业发展趋势、职业岗位变化以及人才需求的动态，并对职业院校的人才培养目标、教学基本要求以及人才培养质量评价方法等关键问题进行深入探讨。

（二）信息共享

在推进校企合作的过程中，产业界扮演着连接校企信息交流的关键角色。作为对本行业技术进步和人才需求最为熟悉的机构，行业组织一方面能够借助劳动力市场供需信息的发布平台，定期进行人才需求调查，确保企业对人才和技术的需求信息能够系统、准确、及时地发布。这些信息为学校的人才培养改革和技术研发提供了宝贵的参考，有助于提升职业院校的教育质量和效益。同时，行业组织能够整合职业院校在人才培养方面的特点和规模信息，并通过公共信息平台进行发布，有效促进了企业与职业院校在人才需求和供应方面的信息对接。

另一方面，行业组织通过组织各种活动，组建由企业与院校专业人员组成的专家团队，积极构建合作平台，整合各方资源，开展行业研究工作。这样的合作不仅为企业提供了技术服务和智力支持，还推动了行业技术的更新，提升了服务标准。

（三）监督与评估

行业组织的监管与评估职能，既是推动区域职业教育协同发展的关键因素，也是校企合作不可或缺的保障。在职业教育人才培养质量评估方面，产业企业占据了主导地位。以德国、美国、日本为例，这些国家的产业团体自发地组织所属企业，共同制定人才素质标准，开发职业训练课程，以及组织从业人员的资格和技能等级考试与认证。这些活动均缘于企业对内部人才需求的驱动，进而形成了一个满足各方需求的第三方评估体系和机制。此外，我国亦需在国家和法律层面，赋予行业企业参与人才质量评估的权利与责任，确保其在人才质量评估过程中能够发挥主导作用。

三、企业的参与地位和功能

《国家中长期教育改革和发展规划纲要（2010—2020年）》明确指出，应鼓励企事业单位创办职业院校，并将职工培训任务委托给这些学校。该纲要对此提出了具体要求。同时，为了促进企业接收学生实习，文件建议制定一系列优惠政策，以激励企业加大对职业教育的投入。从纲要的指导思想来看，企业不仅是人才资源的使用者，而且在职业教育中扮演着参与者的角色，更是职业教育投资的重要来源。

（一）使用人力资源

企业获取人力资源的途径主要分为三种：首先，通过招聘职业院校的毕业生，为企业的生产一线注入具备技术技能的专业人才；其次，积极利用职业院校的教学资源，为员工提供继续教育培训，确保他们的知识和技能得到持续更新，以更好地适应科技进步和社会发展的需求；最后，借助学校专家和学者的智力资源，通过产学研合作、企业科技研发和技术改造等方式，灵活运用职业院校的智力支持。此外，鼓励企业在本地区主动选拔和培养优秀人才，以满足本地区企业扩张和发展的需求。

（二）参与人才培养

企业不仅应成为人力资源的吸纳者，更应扮演好人才培育者的角色。在与教育机构的合作过程中，企业应依据职业岗位的具体需求和能力特点，明确学生的知识、技能和素质框架，确立培养目标和方向，并据此设计专业课程体系。通过校企合作，以职业技能为核心，构建以综合素质为重心的职业教育课程体系，以培养满足企业需求的人才。企业可派遣工程师、管理人员和资深技术工人担任兼职教师，同时邀请行业专家进行专题讲座，将企业的生产、经营、管理及技术操作等实际知识融入教学，以增强教学的实用性。只有当教学内容与企业需求紧密结合时，才能培养出更多符合企业需求的人才。职业院校通过招收学生进行顶岗实习，有助于培育更贴合企业需求的人才；同时，让专业教师到企业中进行实践锻炼，不仅能够提升他们的技术应用能力，还能丰富他们的实践经验，使他们更深入地理解企业及其最新发展动态，确保教学内容与企业实际保持同步。

(三)开展教育投资

我国已经建立了多元化的职业教育投资体系,以企业投资为核心。在投入专业教育的地区,资本的风险比较小,可以降低企业的训练、制造费用。首先,公司在职业教育上进行的投入,不但可以降低企业的人员费用,而且也可以节省雇佣人员所需的训练费用。教育部、国家发展和改革委员会等多部门联合印发的《关于推动技能强企工作的指导意见》(2025年),着重强调了企业在职业教育与职工技能提升中的关键责任。根据《中华人民共和国职业教育法》,企业应积极开展职业教育与职工培训工作。在费用计提方面,普通企业需按职工工资总额的一定比例计提职工教育经费,一般不得低于1.5%,用于职工教育与培训支出。对于职工技能要求高、培训任务重且经济效益良好的企业,这一比例可提升至2.5%,所计提经费应专款专用,主要用于职工技能培训、职业教育课程开发、培训设施设备购置等方面,以确保职工能够获得高质量的职业教育与技能提升机会,切实提高企业职工队伍的整体素质,助力企业在市场竞争中取得优势地位。其次,企业可以通过参股、合资、独资等多种方式参与到高校中,并将其作为培训基地。再次,企业可以将自身的车间和基地用作学校的实训场所,通过联合培养或外包生产加工的方式进一步降低生产成本。最后,对职业教育进行捐赠也是发达国家普遍采纳的一种支持方式。

四、学校的主体地位和功能

在我国,职业院校不仅是办学的主体,也是执行教学计划的关键力量,更是培养符合区域经济发展需求的高素质专业人才的重要途径。根据中共中央办公厅、国务院办公厅印发的《关于深化现代职业教育体系建设改革的意见》，国家着重强调职业教育在助力新型工业化、优化经济结构、推动经济发展方式转变等方面的关键效能。通过大力推进"技能中国行动"等一系列举措，致力于为企业快速输送大批技能人才，尤其是聚焦于现代制造业、现代服务业、战略性新兴产业等领域中紧缺的高技能专业人才，以满足产业升级与创新发展的迫切需求。

在此背景下，职业院校被赋予极为重要的使命，其核心职能在于为学生提供高质量、专业化的技能培训，从课程体系、实践教学到师资配备等全方位发力，提升人才培养质量。同时，职业院校在促进地区职业教育均衡发展进程中扮演着关键角色，通过资源共享、帮扶合作等方式，带动区域内职业教育整体水平提升，为区域经济社会发展源源不断地输送适配人才，支撑产业转型升级，推动区域协调发展。

（一）提供人才和智力支持

职业教育是培养企业一线人才的关键力量。作为一种集职业性、技能性和实用性于一身的教学方式，职业教育的核心在于向学生传授基础的知识和原理，旨在培养他们解决实践问题和进行技术创新的能力，从而为企业生产实践打下坚实的基础。通过创新办学模式，加强与企业的互动，职业教育拓宽了合作的范围，提升了合作的层次，为区域经济的发展提供了强有力的支持。

职业教育应以科技进步和创新为驱动力，加速经济转型，充分利用以科技作为第一生产力和以人才作为第一资源的优势。学校作为高级知识分子的聚集地，应发挥其智力资源优势，与企业合作开展科技研发和技术改造，以提升职业教育的现代化水平，提高企业的自主创新能力，为本地区工业企业的快速发展提供知识和技术支持。

（二）推进合作的主要力量

在制度和机制建设方面，学校扮演了至关重要的角色，充当了政府与企业之间的桥梁。学校应主动与政府进行沟通，强化与政府、企业之间的协作，并提出切实可行的解决方案，以便更有效地发挥其职能。在此基础上，通过成立专业指导委员会、校企合作委员会、区域经济服务委员会等机构，进一步加强政府、企业和学校三方的联系，充分激发学生的主动性和积极性。高等职业教育机构利用其在资源、技术、人才等方面的优势，为社会提供了大量支持和帮助。因此，在提升技术技能人才培养质量、开展应用技术研究、进行技术培训以及推广新技术等方面，我们取得了显著成效，赢得了社会的广泛认可和赞誉。

第三节 区域职业教育协同发展机制研究

区域职业教育的协同发展旨在促进区域内各职业教育机构通过多种合作模式（如强强联合、强弱联合、弱弱联合等），实现优势互补。在保持各自特色的同时，提升整体水平，追求协同效应，即"1+1>2"。为了适应本地区的经济和社会需求，必须不断调整和优化区域职业教育体系结构，确保其在服务经济发展、促进社会和谐以及传承民族文化方面发挥最大效能，进而推动社会政治、经济和文化全面进步。

区域职业教育由众多"子单位""子区域""子学校"组成，这些子单元分属于不同的组织机构，各自拥有不同的利益诉求和管理机构，因此在各自的领域独立运作，各司其职。根据美国学者罗恩·阿什克纳斯的理论，组织间的界限是难以逾越的障碍。若不能有效跨越这些界限，组织可能会反应迟缓、缺乏灵活性和创新能力，从而影响合作效果。

"机制"一词最初用于描述机器的构造和工作原理，后来被引申为某一系统内确保其正常运作所需的功能组合，以及系统内部各要素、环节、层次之间复杂相互作用的总和。因此，建立一个科学、合理且具有可操作性的运行机制，对于促进区域职业教育的协同发展至关重要，也是实现各个子单位实践中产生"1+1>2"协同效应的关键所在。

一、合作生命周期理论

从组织理论的角度来看，任何合作过程本质上是成员为了实现共同目标而协同进行的活动。通常，每个活动都会经历一个从启动到发展再到结束的周期，即合作的建立、进行和终止。在企业合作的生命周期中，每个阶段都需依赖一种或多种机制来推动、维护和调控特定的合作关系，确保合作目标得以实现。在合作的筹备阶段，既需要外部的推动力，也需要内部的推动力，形成一种能够促进合作的动态机制。在合作进行过程中，各方必须遵守约定，进行合作，这就要求有灵活而有效的管理机制，包括但不限于管理、激励、协调和创新机制。最终，还需科学地评估和监督合作过程，评价合作成效，总结经验教训，分析合作是否可持续。

在各地区对外开放的背景下，地区间的相互依赖、适应、促进和共同发展形成了一个复杂的互动过程。用系统论的术语来描述，每个地区都受到其他地区的影响，选择适合自己的元素，并不断调整自身结构，以适应和促进其他地区发展。系统内部结构的持续优化，以及各区域间的相互促进、包容和联结，共同推动了地区发展的螺旋式上升。图7-1展示了区域职业教育协同发展不同阶段的区域合作及其机制。

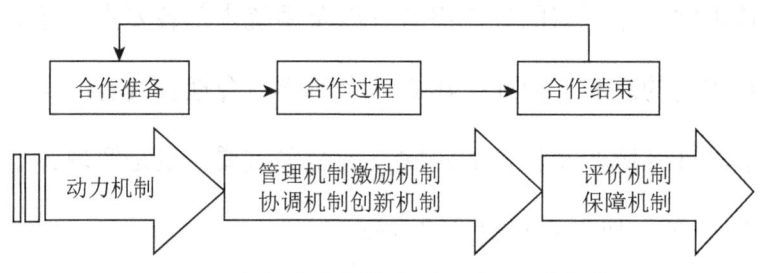

图 7-1 合作生命周期与主要机制对应关系

二、互惠共赢的动力机制

动力机制是指推动系统运动、变化和发展的内外动力的作用模式，它确保系统中的各个元素、部件和环节在相互作用的过程中形成一个整体的良性运转的结构与功能。这种动力机制是推动制度向前发展的关键，其稳定存在并发挥功能，能够使整个制度从自发走向自觉，从被动转为主动。动力机制，从组织全局的角度出发，通过一系列机制的组合来引导、激励、约束和规范组织行为，从而形成整体的合力，以实现组织的目标。

区域职业教育协同发展的动力机制，既包括内在利益驱动力，也包括外在推动力。外在推动力涉及国家及其相关部门，它们应以区域经济与职业院校的共同进步为指导，制定相应的发展规划和法律。在促进区域经济和社会发展的过程中，通过增加对创新领域的资本投入，运用税收减免和各种激励措施来引导、协调并促进合作创新的成功实施，成为决定地区合作创新成功与否的关键因素。

内部利益驱动力则体现在所在地区的职业学院追求进步和发展的内在动力上，它们持续提高职业教育质量，培养出更符合社会和经济需求的人才，以此获得竞争优势。同时，区域内企业正处于转型升级的关键时期，迫切需要大量符合行业发展需求的优秀人才。

美国学者马克·S.施瓦茨（Mark S. Schwartz）在对其动力机制进行探讨时，提出了三种动力模型：经济动力、制度动力和道德动力，并将其构建成一个三维图（如图7-2所示）。

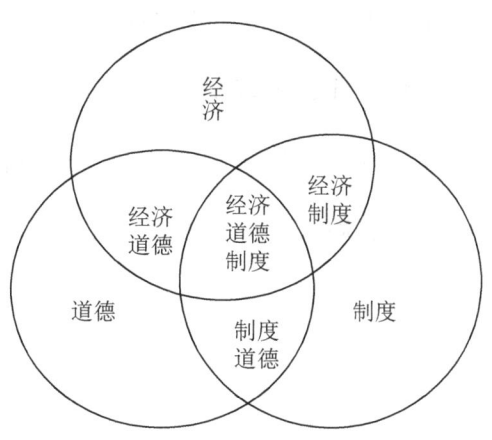

图7-2 CSR动力模型

在图 7-2 中，经济动力、制度动力和道德动力分别以 3 个圆表示，由 3 个圆相交而产生 7 个区域：经济、制度、道德、经济/制度、经济/道德、道德/制度、经济/道德/制度。中间的状态是理想状态。

（一）经济动力

区域内的子单元隶属不同的组织结构，它们各自拥有独特的利益诉求和管理机构，因此在各自的领域独立发展，各司其职。每个子单元的成员，包括政府、产业、事业单位、企业以及职业学院，都设有各自的部门，在其专业领域内发挥着独特的作用。区域职业教育的协同进步，旨在通过创新的组织模式将政府、产业、企业、职业院校等不同的子单元整合起来，实现协同效应，即"1+1>2"，确保每个参与者都能从中受益。这将扩大政府的发展空间，提高社会认同度，提高行业的话语权，提升企业的竞争力，以及提高学校的影响力。

作为以利润最大化为目标的经济实体，企业生存和发展的核心是获取利润，这一点在其经营战略中占据着至关重要的地位。在缺乏经济激励的情况下，期望公司主动承担教育责任是不现实的。在区域职业教育协同发展的过程中，企业通过直接和间接两种经济激励方式获得经济利益。从直接经济动因来看，企业能够吸引更多高质量的人力资源，从而直接提升企业的经营和管理效果；同时，企业积极参与职业教育活动，履行教育责任，也能带来直接效益，包括显著降低劳动交易成本。通过参与职业教育，企业能够培养出符合公司文化和岗位需求的高素质技能人才，这不仅提高了企业的生产效率，也增强了员工对企业的忠诚度和认同感。此外，职业教育投资还带来了附加效益。企业可以利用自身优势进行职业教育投资,实现投资多元化带来的收益。在间接经济动因方面,企业履行职业教育责任不仅能够树立良好的社会形象,还能提高公司的社会知名度,并可能在国家税收、财政补贴等方面获得优惠或支持。"如果公司的行为得到消费者的认可,消费者将更愿意购买公司的产品;反之,消费者可能会抵制购买。"

(二)制度动力

制度动力涉及职业教育参与各方必须遵循的规则和要求。若将区域职业教育的协同发展视作一种化学反应机制,那么工业企业和职业学院便相当于反应物,它们需要在特定的环境中才能发生反应,有时还需借助催化剂。在这一过程中,政府扮演着长期催化剂的角色。政府作为一种特定形式的国家机构,承担着调节社会各阶层关系的职责。在推动区域高等职业教育均衡发展方面,国家不仅是关键的规划者,也是主要的推动者,同时作为传播媒介的重要角色,在促进区域职业院校协调发展上发挥了不可替代的领导作用。因此,实现区域间的和谐发展,政府的积极参与是不可或缺的。

(三)道德动力

道德是社会普遍遵循的行为准则,它对个体行为具有决定性影响。道德规范的建立与执行涉及两个方面:一是对道德行为的约束,二是对道德行为的教育与内化。内在教化道德的力量源自教育、媒体、家庭和社会环境等多种机制。在推动区域职业教育协同发展的过程中,政府、行业、企业、职业学院等各方参与者都承担着持续推动我国教育改革与发展的重任,致力于提升教育人才培养的质量。这种责任和使命在道德层面上，成为推动和激励所有参与方的强大动力。

三、灵活有效的管理运行机制

（一）管理机制

一个有效的管理机制是确保合作活动顺利进行的关键。在推进区域职业教育协同发展的过程中，必须充分发挥行业管理部门的统筹作用，合理规划本地区职业教育的协同发展。这将使得本地区企业对人才的需求和使用具有更大的灵活性和跨地域性，从而更有效地选择校企合作的伙伴，更精准地设立产教融合项目。构建一个职业教育协同发展的评估体系，制定严格的协同发展标准和相关法律法规，对协同发展的成效进行评估，并对实施效果进行监督。在此基础上，结合产业发展的特点和趋势，指导协同发展的项目设置，为项目的顺利实施提供支持和保障。

（二）激励机制

激励机制旨在在职业教育协调发展的过程中，建立健全科学的教学、人事、财务等管理体制。通过引入合理的竞争机制，在人员配置、资源分配、管理职责和义务等方面构建一套完善的考核、评估和监督体系。同时，制定相应的奖惩制度，对表现卓越和作出重大贡献的个人或团队给予奖励，对违反规定、阻碍区域协调发展的行为实施处罚。确保奖励和惩罚的准确性和明确性，实行优胜劣汰。这样，所有参与方和参与者才能齐心协力，共同实现教育目标。

（三）协调机制

协调机制的核心作用在于解决合作发展过程中出现的矛盾和偏差，及时纠正各方在责任、权利、利益和工作方法等方面的问题，以确保合作目标的顺利达成。职业院校的协调机制质量，直接决定了其在不同子区域之间合作的顺畅程度，以及与行业企业建立并维持长期合作关系的能力。一个有效的协调机制不仅能够识别合作各方利益的交汇点，还能通过恰当的机制平衡各方利益，以实现合作双方的共同目标——实现利益的最大化。外部协调机制主要依赖政府和市场力量，而内部协调机制则基于合作协议、章程以及相关法律法规，通过合作各方的组织治理结构来实施。

（四）创新机制

为了促进区域职业教育合作的深入发展，并拓宽合作途径，各地区、职业院校，以及职业院校与企业、行业之间必须开展多样化、灵活且开放的全面合作。我们应积极探索创新的合作模式，建立持久而稳定的合作关系，以提高所有参与方的积极性，并最大化人才培养的效益。针对以往合作模式的不足，我国政府、企业、行业和学校都应更新观念，勇于进行改革，探索更高效、多元、多层次、全方位的合作模式，包括区域合作、校际合作和校企合作。通过市场经济的体制和机制，确保不同地区学校和企业的合法权益，从而激发校企双方共同推进合作的积极性。

四、科学完善的评价保障机制

地区间的职业院校以及这些学院与企业之间能否成功合作,关键在于发现并把握双方的利益平衡点;而合作能否持续,关键在于双方在合作过程中是否探索并建立了一套相应的保障机制。保障机制是一种监督和确保区域职业教育协调发展的长期稳定机制。在宏观层面上,它受到国家强有力的法律法规和政策的约束,从而对合作各方的行为进行严格规范。在微观层面上,它明确了各方的权利、义务和责任,确保合作有序进行,有据可依。

(一)评价机制

评价机制旨在为区域职业教育的协调发展确立明确的标准和指导方针。它是确保区域合作、产学合作以及高质量人才培养的关键环节,同时也是判断协同发展是否达标和科学引导协同发展的核心。因此,构建一套科学合理的评价体系至关重要。这一体系需从两个方面进行评价:第一,检查各参与主体的职责分配是否合理,实施措施是否有效,以及取得的成效是否显著;第二,建立一个与当地产业发展需求相匹配的人才质量评价体系。评价机制涵盖了对教学过程、教学效果以及人才培养质量的全面评价。

(二)保障机制

鉴于各参与方隶属不同的组织机构,合作过程中不可避免地面临政策和资金方面的风险。为此,政府需出台相应的政策法规,明确区域职业教育合作的许可类别及政策界限。例如，设立职业教育协调发展专项基金，利用财政政策的杠杆效应，为区域职业教育合作注入坚实的资金支持；同时，制定详尽的校企合作税收优惠及补偿方案，并争取税务、劳动及其他相关部门的支持，为高等职业院校的企业合作伙伴量身定制税收优惠政策。此外，应通过多元化途径吸引资金投入，创建成果转化风险基金，建立产学研一体化项目成果转化的担保机构，并完善风险投资体系。

第四节　区域职业教育协同发展策略研究

世界经济论坛将"国家竞争力"定义为一系列决定一国生产力水平的因素、政策和制度。这一概念既受客观环境的影响（这些环境因素不以人的主观意愿为转移），同时也依赖国家和政府所制定的政策环境。国家竞争力的培养和维持，建立在民众意愿的基础之上，旨在改善社会环境，以促进竞争力的持续提高。教育政策作为关键的环境因素，对国家竞争力的塑造和持续发展具有深远影响。

第一，教育政策集中反映了国家和政府对教育事业的总体构想和具体规划，是提升国家竞争力的关键"国家环境"因素。第二，教育政策直接影响每个社会成员获取知识、掌握技能、形成健康的道德价值观和良好行为习惯的过程，这些都是提升国家竞争力的关键要素。教育政策的制定与执行，对教育活动的质量和效果产生微观影响，与社会及每个人接受教育的机会和质量紧密相关。同时，教育政策对教育的发展方向、速度和规模产生宏观影响，与人力资源的规模和水平以及国家综合国力的提升也密切相关。

一、制定完善的政策

区域职业教育的协同发展，体现了党和政府贯彻国家大力发展职业教育政策的决心，旨在解决职业教育发展中的关键问题和挑战，同时推动区域产业结构的升级和转型。为了实现这一目标，必须在政策层面提供积极的引导和支持。

（一）提高政策的系统性

1. 建立健全政策体系

一个成熟的政策体系应当构建为一个立体、交错的网状结构。为了实现这一目标，我们需进一步完善区域职业教育协调发展的政策体系，确保其系统化。鉴于职业教育在社会和经济层面的重要性，以及区域职业教育协同发展的广泛性，它需要跨越多个部门。因此，我们应以"母体法"为根基，辅以具体、操作性强的法律法规。在制定政策时，必须从国家层面、各级地方政府、各参与主体以及微观层面的各层次职业教育协同发展进行综合考量。政策的功能应涵盖强制性、惩戒性、激励性和引导性。此外，政策的执行、评估以及监督同样不可或缺。

2. 加强顶层设计

地方职业教育的协调发展对于职业院校整体及长期发展至关重要。为此，建议成立一个由教育、人事、发展和改革委员会、财政、税务、科技等部门构成的子区域联盟，并设立职业教育合作发展领导小组，以促进职业教育的协同进步。专家组应聚焦当前教育、经济和社会发展的紧迫需求，对相关政策和措施进行深入分析，并构建一个协调发展的政策框架，以确保顶层设计达到最高水平。相关机构需迅速制定并实施具体办法，确保中央的相关规定得到落实，并尽快组建地方领导小组。此外，应根据地方经济、教育和社会发展的特色与需求，制定符合本地区的职业教育办学体制、制度和章程，以及促进协调发展的有效策略，并明确各成员的职责。通过立法手段，明确学校与企业、学校与学校之间的关系。

3. 确立各级党政职业教育实绩考核制度

将职业教育工作提升至党政"一把手"工程的地位，构建一套全面评价各级党政领导干部在职业教育领域工作成效的体系，以此提升职业教育的整体质量，并推动其健康持续发展。强化各级党委和政府在本地区职业技术教育工作中的领导职责。将职业教育的发展成效作为评估党政领导干部教育工作绩效的关键指标之一。鉴于职业教育改革的复杂性，它牵涉社会的各个方面，缺乏全局统筹和主导能力将难以在职业教育体制和制度方面实现根本性的突破，从而可能导致职业教育改革持续呈现零散和碎片化的局面。因此，强调"一把手"的职责，特别强调政府在职业教育中的宏观调控和公共服务职能，以避免职业教育的行政化倾向。

4. 建立评价和监督体系

基于此，我们提出了一个以教育行政管理部门为核心，政府、行业、企业和职业院校共同参与的职业教育协同发展的评估与监管体系。通过培育第三方机构，实现评估的量化和监管的信息化，以承担政府委托的区域职业教育合作评估、指导和监督等职能。

（二）加强政策的法治化

在任何发达国家，区域职业教育的成功经验都根植于国家法律法规的坚实基础之上。一套完善且配套的政策法规对于平衡各地区间的关系、促进校企合作与校际合作、保护各方合法权益以及规范各方行为，都发挥着至关重要的作用。1996年我国颁布了《中华人民共和国职业教育法》，该法律对职业教育的地位与作用、制度与结构、指导方针与原则、管理制度与经费筹措等方面进行了明确的规定。近年来，国家又推出了一系列政策，旨在加强职业教育和校企合作。然而，在实际操作过程中，部门间协作不充分和校企合作不深入的问题依然存在。因此，有必要明确实施职业教育协同发展政策的各方责任，并将其纳入法治化的轨道。

（三）提高政策的规范性

职业教育的区域合作涉及两个独立的政策制定主体在办学资源和条件等方面存在显著差异时的相互配合。在此基础上，构建起从国家到地方各级政府部门、职业院校与产业之间的多层级协作机制，旨在提高合作的协调性。

这些机构的职责和权限得到了明确界定，以提高协调能力，并赋予其更高的权威性。

在全国范围内，国家制定了区域职业教育发展政策，明确了各地区政府在职业教育协调发展中的角色和责任。行业主管部门负责成立行业职业教育指导委员会，为学校间提供对话平台，赋予行业协会更多职能，并促进业内企业的参与，确保其在促进职业教育协调发展中的引导和监督作用。我们鼓励企业承担社会责任，并主动参与，使其成为核心参与者。为了促进企业更深入地参与职业院校的教育活动，必须在职业院校中充分彰显企业的社会责任感。《校企合作促进条例》的制定旨在通过立法手段体现政府的意愿，确保企业积极承担并履行其应尽的义务。我们致力于构建一个由政府、企业、大学、社会组织等多方参与的沟通与对话平台。我们鼓励企业根据市场需求和技术创新的动态，向职业院校提供反馈，并充分利用地方政府间协作发展联席会议的机制。根据各产业的特性，定期组织相关单位进行学术交流活动。通过提升信息化水平，我们计划建立一个开放的网络服务平台，以促进信息、人力资源、物资和资金等关键要素的有效整合。此外，我们还将定期举办基地协作洽谈会，以促进企业间的合作与交流。

（四）提高政策的吸引力

为了充分激发员工的工作热情，必须制定相应的激励机制。同时，为了加强职业院校之间的协调发展，应当建立和完善地方高校之间的资金保障体系，确保财政上为高校提供专项基金、补助以及税收优惠。在促进产学研结合方面，各级政府应提供专项资金、补助和税收减免等支持政策。此外，教育、财政、发展和改革委员会、人力资源和社会保障、工会等部门应与职业院校和工业企业合作，共同研究和制定促进职业教育协调发展的经济政策，并增加对职业教育的投资。

通过设立中央与地方财政相结合的专项资金，对企业在承担"社会公益"活动中产生的费用进行适当补偿。政府应针对企业在员工教育经费、职业教育公益性捐赠、委托职业学院研发新产品、新技术、新工艺、创办职业教育以及建立实践训练基地等方面的支出，提供税费减免和金融支持。在此基础上，应进一步加大扶持力度，增加对不同地区、不同院校师资培训的资助，并对参与教学资源共享的企业给予资助。为了表彰对职业教育合作发展作出突出贡献的单位和个人，将提供特别奖励。对于积极参与职业教育合作发展的企业，将实施财政补贴和挂牌激励等措施；在此基础上，通过建立投入比率体系，为创业企业提供资金补助。

利用课题研究作为平台，推动地方职业院校之间的合作与交流，促进职业院校间的协作。承担全国、省级、市级等多级课题，以促进地方职业院校与企业的合作发展。通过制定国家和省级区域职业教育协作发展及校企合作的科研计划，由中央政府和地方政府共同实施，有效利用科研课题的载体功能，集成科研资源。同时，引导行业组织、企业、职业院校、研究机构等各方加强合作，在产品研发、课程设计、教材设计、教学规范、职业规范、评估等方面进行联合研究和攻关。将优秀的研究成果进行传播，使我国职业院校依托科学技术，推动地区职业教育的协调发展。

二、健全经费的保障

职业教育对经济增长和工业发展作出了显著贡献，尤其在同等水平下，其在推动经济增长中的作用更为突出。因此，增加对职业教育的投资并加速其发展步伐，对于推动我国经济和社会的快速进步具有重大意义。为了确保职业教育的可持续发展，关键在于建立一个与之相匹配的经费保障机制。依据国民经济再分配应注重公平的原则，国家财政资金的主要分配方向应优先考虑职业教育。此外，应进一步拓宽思路，通过法律、税收和财政等多方面的政策手段，激励企业和社会各界加大对职业教育的投资，从而构建起一个全面支持职业教育持续发展的资金保障体系。

（一）明确职业教育投入经费的增长比例和财政投入目标

在接下来的一段时间内，各级政府需显著增加对教育领域的财政投入，特别是对职业教育的投资。换言之，教育支出的增长速度应超过财政支出的整体增速，以实现更快、更高效、更优质的发展。从中长期来看，我们应深化职业教育办学体制和机制的改革，完善职业教育的公共物品供给体系，通过市场与政府的协同作用，拓宽职业教育公共物品的供应范围。

（二）明确各级政府在发展职业教育中的职能

职业教育被视为一种准公共物品，它具备区域性的溢出效应，因此需要中央政府与地方政府携手合作，确保其作为公共物品的提供。国家在职业教育的区域与行业均衡发展上扮演着调节者的角色。中央财政的主要投入方向包括：第一，重点扶持区域间职业教育的协同发展战略项目；第二，优先考虑对农村职业教育以及与农业相关的院校和专业进行支持。中央政府在促进职业教育均等化方面担负着关键职责，针对不同地区职业教育发展的不平衡，实施转移支付政策，同时在资金分配、人才培养、学生就业等方面，对涉及农业的院校和专业给予特别关注和支持。

(三)完善公共财政职业教育经费管理与监督体制

在确立各级政府对职业教育投资责任的基础上,我们需进一步加大对职业教育财政支出的监管力度,并加强立法机构对政府执行职业教育政策的监督与审查。同时,应拓宽社会力量参与职业教育发展的监督范围,确保职业教育预算得到充分执行。此外,我国目前的财政投入和职业教育拨款机制仍带有浓厚的计划经济特征,这导致了职业教育资源分配不均衡,从而在一定程度上损害了教育公平,并降低了资源配置的效率。因此,在职业教育的财政投入和拨款结构方面,必须妥善平衡专项资金与项目支出,适度提升一般性支出比例,减少政府对职业教育发展的不适当干预和调控,以促进职业教育的均衡和健康发展。

三、构建良性的机制

为了充分发挥市场在资源配置中的决定性作用,必须扩大职业院校的办学自主权,鼓励这些院校根据社会需求进行教育,从而提升它们对市场经济的适应能力。同时,应积极动员社会力量,增加对职业教育的投资,以形成政府、企业和社会各界共赢的局面。此外,激发行业、企业、学校和社会各方面的积极性,增强职业教育的活力,是确保改革成果最大化的重要途径。依据协同理论的基础原则,建立职业教育协同发展的动力机制、管理机制、保障机制和评估机制,对于职业教育的协同发展至关重要。

四、创新组织的形式

（一）以项目合作为桥梁

随着我国区域经济一体化进程的不断加快，区域间合作项目将逐步增加，如区域产业转移、人才科研合作、环境治理合作等。以项目合作为纽带，实现产业、企业和学校多方联动，促进职业教育协同发展。另外，如果需要，也可以选择其他形式的合作。

（二）以职业教育集团为基本形式

职业教育集团是以一所重点职业院校为核心，联合多家专业领域相近或相关的其他职业院校及企业所形成的教育联盟。涵盖的专业行业广泛，包括电子信息、钢铁冶金、化学制药、信息技术、土木建筑、纺织服装、轨道交通、建材、汽车等多个领域。在近年来的发展历程中，职业教育集团始终致力于服务经济建设，以培养专业人才为基石，以实现校企双方共赢为终极目标。该集团充分利用职业院校、行业协会及事业单位的各自优势，在资源分配、信息共享、专业发展以及帮助学生就业等方面发挥了积极作用。此外，职业教育集团还积极构建区域职业教育合作的桥梁，为推动整个区域经济的均衡发展提供了有力支持，展现出其作为优秀组织形式的价值。

(三)以非政府组织合作为治理平台

自20世纪80年代起,非政府组织(NGO)与非营利组织(NPO)作为新兴的公共管理实体,其在公共管理领域的重要性越发显著。在推动区域协同治理的过程中,不仅需要加强各地政府之间的合作,还应积极推动民间组织的发展,以期为区域的长期发展注入智慧与力量。例如,各类民间组织,包括专家团体、企业团体、各类协会等,能够充分展现其在民间的影响力,共同参与制定区域职业教育合作发展的战略规划和应对策略。

五、营造良好的舆论

(一)加大对职业教育的宣传力度

鉴于职业教育的基础尚显薄弱,并且目前正处于发展阶段,办学过程中不可避免地出现了一些问题。这些问题包括定位模糊、师资力量不足以及政策支持不够充分等。同时,由于长期受到传统文化的负面影响,社会上普遍存在一种观念,即重视仕途和学术而轻视技能和应用,这导致职业教育被误解为"次等教育",其待遇和社会地位相对较低。这种观念严重阻碍了人们对职业教育的认同以及职业教育的健康发展。

因此,国家需要在政策和制度层面加大对职业教育的重视和支持力度,提供更多政策优惠,以消除社会对职业教育的误解和偏见。这将有助于提高人们对职业教育的认识,鼓励更多人积极参与职业教育的建设和发展,从而推动职业教育朝着健康和可持续的方向发展。

为了实现这一目标，政府和社会团体应当加强奖励和激励机制的建设，并积极进行宣传。同时，应大力推广工业文化、技术文化、劳动文化以及创业文化，为职业教育的发展营造一个积极的社会氛围和舆论环境。国家和地方政府可以通过社会公共资源的合理配置，为职业教育的协同发展提供良好的社会环境和氛围。此外，通过树立和宣传职业教育的典范，可以营造一个协同发展的积极氛围。组织新闻媒体对职业教育协同发展的先进单位和个人进行报道，有助于提高整个行业乃至全社会对职业教育的认识和重视。

（二）加大对协同共赢的宣传力度

协同原理揭示了一个道理：若要使系统效益最大化，达成"1+1>2"的整体功能倍增效应，关键在于系统内各子要素之间的协同合作，以发挥它们各自的独特优势。在推进区域职业教育协同发展的过程中，我们应当积极推广各参与方之间的"共赢"理念。所谓"共赢"，即指各方主体充分展现自身优势，共同创造更丰厚的价值。自20世纪90年代起，随着经济全球化的浪潮席卷世界，"互利共赢"已成为我国对外开放战略的核心部分。实践已充分证明，推动区域职业教育协调发展，既是契合我国经济发展规律的理性选择，也是实现区域职业教育自身均衡发展的关键路径，对促进经济社会全面发展具有重要意义。从国家战略的高度出发，这是一种主张，即各国在不损害自身利益的前提下，通过合作与竞争、激励与竞争，实现国家利益的双赢。在区域层面，我们同样需要树立"共赢"的理念，致力于提升区域的综合竞争力，创造更多价值。在区域职业教育协同发展的层面，我们还应积极倡导各方秉持"共赢"的理念，以实现合作共赢、互利共赢，力求在协同发展中拓展更广阔的合作空间，追求更高的质量、更大的合作价值以及更深远的社会影响。

第八章 职业教育与区域经济互动发展的政策建议

德国、日本和美国等发达国家已经建立了各自独特的职业教育发展模式，并与各自的经济发展实现了良性互动。尽管中国的职业教育起步较晚，但近年来的迅猛发展对推动社会主义现代化建设产生了显著影响。前面的定量分析揭示了职业教育与地方经济之间的紧密联系，同时指出东部与西部地区的职业教育与区域经济的互动存在显著差异。本章在前述定性与定量分析的基础上，结合我国职业教育与区域经济发展的实际情况，提出了相应的策略建议，旨在促进不同地区经济与职业教育之间的良性互动。

第一节　地方政府应增强职业教育人才培养的前瞻性

一、地方政府应重视职业教育的发展

当前，我们正处于全面建成小康社会的关键时期，并且正在加速推进社会主义现代化的进程。随着工业化的不断进步，社会对高技能人才的需求日益增长。加入世界贸易组织后，电子、汽车、化工、机械等制造业领域开始向国内转移，外国投资者在华投资持续增加，这不仅提升了对劳动力素质的要求，也促进了专业人才培育的快速发展。

第三产业已超越第一、第二产业，成为国民经济的主要支柱，城市化进程的加快为职业教育带来了新的机遇。中央政府在解决"三农"问题上投入了巨大的努力，这必然要求加大对农村劳动力的转移培训力度，将他们转化为高质量的人力资本，同时也为职业教育市场的扩大提供了巨大的机遇。

职业教育迎来了新的发展阶段，国家对职业教育的发展给予了前所未有的重视。我国政府的治国方略已经从"科教兴国"转向了"人才强国"。在高等教育学生中，超过50%的人接受了职业教育。展望未来10年，职业教育具有巨大的发展潜力，并肩负着培养人才以实现国家强盛的重任。为了确保职业教育的持续发展，我们必须充分认识到中央实施"科教兴国"和"人才强国"战略的重要性，充分认识到职业教育在高等教育改革与发展中的关键作用，把握机遇，迎接挑战。在今后很长一段时间内，职业教育的发展方向应该是重点培养以制造业为核心的高技能紧缺型人才，与区域产业结构调整相适应，积极培养与区域经济协调发展的第三产业服务型人才，并注重农业现代化，培养高素质人才。

二、根据经济发展的产业结构调整职业教育的办学类型

随着经济的蓬勃发展、科技的不断进步以及产业结构的持续升级，各行各业对人才的知识结构和类型的需求已经发生了根本性的转变。终身教育的理念也逐渐被广泛接受。教育体系的多元化趋势要求我们不断加强不同教育层次之间的联系与互动，建立一个人才成长的"立交桥"。特别是，我们需要强化与普通教育的联系和交流，构建一个高等教育结构体系，使之与普通高等教育相互融合、相互联系、相互沟通。这不仅对提升受教育者的素质至关重要，也体现了以人为本的理念，充分尊重个人的选择权、自我实现和自我发展的需求。

一方面，随着社会职务的日益复杂化和技术含量的不断提升，一线技术人员不仅需要掌握熟练的作业技能，还必须具备较高的知识水平和创新能力。另一方面，在激烈的市场竞争中，普通高校培养的毕业生不能仅限于提出基于科学原理的技术设想和技术理论，为新产品研发提供基础参数的应用研究人才，还必须与生产实践紧密结合。这两个方面共同作用，促使职业院校加强与普通高等教育进行交流与联系，以提高其理论、研究和技术水平。

为了实现二者的完美融合，一方面，我们必须树立一种多层次、多样化的现代职业教育理念，以适应不同层次的人才需求。基于此，我们建议延长

职业院校的纵向联系链条,并提升职业院校的办学水平。在职业教育领域,应持续推进学分制教学改革。具体而言,可允许高等职业院校(含职业本科院校与专科层次职业院校)的学生,若已通过技能等级认证或具备相应实践经验,可申请免修部分基础技术课程,从而将更多精力投入专业核心知识的深化学习与技能实践,实现个性化、高效化的人才培养,更好地满足产业对高素质技术技能人才的需求。此外,应选择那些办学能力强、教育水平高的职业院校,开展研究生层次的教育培训,以进一步提高教育质量。

另一方面,积极鼓励普通本科生和硕士生参与职业教育,将职业教育的成功经验引入普通高等教育。在职业教育领域,可实施"1+X"证书制度,即学生在获得学历证书的同时,鼓励其考取多个职业技能等级证书。在人才选拔和使用机制上,秉持"能力优先、学历为辅"的评价理念,打破"唯学历论",构建以职业能力为核心、学历教育为基础的多元评价体系。通过强化学历证书与职业资格证书并重的制度设计,推动普通高等教育与行业实践深度融合,促使职业院校培养的人才既具备扎实的理论基础,又能掌握契合市场需求的专业技能,切实提升职业教育人才培养质量与产业适配度。

在发展具有特色的专科教育的同时,职业教育机构也应适度拓展至本科层次的高等教育,打造独特的教育品牌。这种品牌不仅要与传统本科院校有所区分,也要与中等职业教育有所区别,同时还要彰显其培养高级技能型人才的目标。1999年,陈至立在首届全国职业教育工作会议上强调:"随着我国经济建设水平的持续提升和高技术领域的不断进步,四年制职业教育不仅满足了我国经济发展的迫切需求,也是培养应用型人才的一次重要尝试。"近年来,我国研究生教育领域出现了学术型和专业型两种教育路径并行的现象。

那么，职业教育是否可以借鉴这一模式呢？职业院校的本科教育发展不应仅限于追求"升本"，而应探索在本科院校中融入职业教育元素，致力于培养以技术精英为目标的四年制本科教育。这样的教育既可接纳普通高中毕业生，也欢迎有进一步深造愿望的职业院校毕业生。职业教育应构建从专科到本科、硕士乃至博士的连续教育体系；只有坚持不盲目追求高消费，才能确保职业教育培养人才的初衷得以保持。

三、保证充足生源，拓宽职业院校的生源渠道

自1999年高等教育大规模扩招以来，到2002年，我国高等教育的毛入学率已达到15%，标志着高等教育进入大众化阶段。尽管表面上大学入学机会似乎在增加，但教育的不公平与不平衡问题却越发显著，城乡教育差距逐渐扩大。20世纪70年代和80年代，许多农村学生参加高考是为了改变命运。然而，根据清华大学、北京大学等顶尖学府的统计数据，农村学生的比例正在逐年缩小。这一现象背后的原因众多，包括教育资源分配不均、学校招生政策的倾斜等。但最根本的原因在于地区经济差异，城市与农村的贫富差距日益扩大，导致农村学生难以获得高质量的教学资源和服务。此外，就业市场的压力使得许多农村大学生选择放弃学业，转而进城务工。因此，缩小城乡差距已成为我国高等教育发展中的关键问题。

已有研究表明，高等教育的公平程度与农村人口流动率之间存在正相关关系。这表明，随着城镇化水平的提升，高等教育的公平性将变得更加明显；反之亦然。鉴于我国目前仍以农村人口为主，若要在21世纪中叶达到中等发

达国家水平（高等教育毛入学率达到50%），则必须大力提升农村学生接受职业教育的机会。这不仅有助于实现教育公平，提高农村人口的整体素质，还能缓解就业压力，并加速城市化进程。

第二节 构建多元化的职业教育集团化办学模式

一、拓宽职业教育的融资渠道，弱化财政投入主渠道

地方政府的积极参与、支持和协调对教育发展至关重要。在党的十一届三中全会之前，我国高等教育主要由国家或中央部门负责，通过教育行政部门运用国有资产进行办学。无论高校隶属地方政府还是中央部门，其都属于国有公有制范畴，反映了社会经济体制在高等教育办学体制中的具体实现。在经济发展的初期阶段，特别是在计划经济时期，这种办学制度能够集中社会资源，利用有限的资产，按照国家的规划培养出满足经济建设需求的人才。

然而，随着市场经济的持续发展，我国经济体制的基本制度已经从国有所有制向多元化所有制转变，高等教育的办学体制也相应发生了变化。政府对大学的管理已从直接管理转变为宏观调控，主要以政策咨询和立法为核心内容。学校从政府的附属机构转变为面向市场的独立法人实体，其内部管理也从计划性的统一管理转变为以市场需求为导向，实行优胜劣汰的竞争机制。这一根本性的转变，本质上是由投资主体和管理主体的多元化所驱动的，同时也为企业发展职业教育提供了机遇。

第八章 职业教育与区域经济互动发展的政策建议

目前,一些发达国家的教育基金组织和中国经贸投资担保公司等大型企业对中国职业教育市场表现出强烈的兴趣。职业院校的办学需要大量资本投入,政府可以制定相关的投资法律法规,将市场机制、竞争机制和激励机制引入投资体系,合理引导资金,严格实施监管。这样,政府的角色就能从投资主体转变为第三方监管者,既解决了职业教育融资难题,也改变了政府单一投入的模式。

二、依托大型企业集团组建紧密型的职业教育集团

2002年,国务院在全国第四次职业教育会议上批准了《关于大力推进职业教育改革与发展的决定》。该决定清晰地提出了一个以政府、企业、行业和社会为主体的多元化办学模式。基于这一模式,进一步强调了深化职业教育管理体制改革和办学体制改革的重要性,以确保职业教育能够适应社会主义市场经济的需求。职业教育政策特别强调,社会力量和企业集团的参与是制度改革深化的关键部分,这与职业院校培养应用型人才的目标是一致的。职业院校应抓住这一有利时机,在政府的支持下,依托区域经济发展,调整产业结构,发展新兴产业。

多元化办学是职业院校解决资金困难的有效途径。与普通本科教育相比,职业教育的生均培养成本高出一倍,仅依赖政府财政拨款和学生学费是不足以支撑建设的。实践环节在职业教育中至关重要,它是培养学生技能的基础,也是职业教育与普通本科教育的主要区别。建立校办企业、建设实验实训基地、购置仪器设备等都需要大量资金。因此,政府应促进职业院校与行业的

深度合作，鼓励企业参与职业院校的开办，使企业能够参与职业教育的各个阶段，包括确定招生范围、制订教学计划和培养目标等。对于参与职业教育的企业，国家可以在税收上给予优惠。

建立民办职业院校是企业参与职业教育的另一种方式。自1999—2003年的大规模扩招后，职业院校的规模扩张开始放缓。如何实现规模的平稳增长，从"量"的扩张转向"质"的提升，已成为职业教育发展的瓶颈。民办职业院校的建立不仅能解决国家和地方政府在办学经费上的短缺问题，还能满足市场经济的需求。民办职业院校可以由企业牵头，也可以由政府或办学经验丰富的职业院校牵头，引入民营资本，实行股份制管理，形成集团化办学模式。从政策支持角度，《中华人民共和国民办教育促进法》《中华人民共和国民办教育促进法实施条例》等法规为其设立与发展提供基本遵循。在申请设立民办职业培训学校时，各地依据这些法规细化标准，如济南市规定，举办者为社会组织须具备法人资格、信用良好等；为个人则要具备政治权利、完全民事行为能力且无犯罪记录，还要求有适应办学规模的开办资金（不少于10万元）、场地（理论教学场所300平方米以上，租赁期不少于三年）、师资（专职教师不少于教师总数1/4等）。这确保民办职业院校在起步阶段就有规范指引，有助于提升整体办学质量，使其在规模增长时能兼顾质量提升。

在产教融合层面，2025年全国两会期间，有建议提出鼓励企业与职业院校共建混合所有制学院，企业提供资金设备，院校负责师资教学，政府给予政策扶持，形成"校企共建、资源共享、产教融合"模式。这种模式高度契合民办职业院校由企业、政府或办学经验丰富院校牵头，引入民营资本的集团化办学思路。通过多方合作，企业能将前沿技术与实践案例融入教学，民办院校学生所学更贴合市场需求，毕业后能迅速投身工作岗位，促进学校招生与就业良性循环，实现规模与质量的协同发展。

第三节 东、中、西部区域选择不同的职业教育发展策略

一、东部地区

经过实证分析，我们发现东部地区的经济发展与高等职业技术教育之间存在积极的互动关系。相较于中部和西部地区，区域经济对职业教育的影响在东部地区更为显著。我国的区域经济发展极为不均衡，自改革开放以来，我国采取了优先发展东部沿海地区的战略，并计划在条件成熟时，利用发达地区带动欠发达地区的发展。高等职业技术教育，作为连接经济与高等教育的桥梁，展现了明显的地域特色。因此，在区域经济发展不均的背景下，高等职业技术教育也呈现出一定的区域化发展趋势。面对地区间经济与职业教育发展的不平衡，职业教育应根据各地的经济、社会特点及发展趋势，在加强宏观调控和促进区域经济协调发展的同时，将职业教育融入区域发展的整体规划。针对职业院校区域化发展的不平衡现象，政府应实施分类指导，根据各地的经济发展战略，制定相应的教育发展策略。

东部地区的第一产业的比重明显低于中西部地区，但第三产业的比重则

显著高于中西部地区。尽管如此,东部地区职业院校的规模仅占全国的40%左右,远低于东部地区经济总量的50%,这说明东部地区职业院校的发展水平尚未能充分满足经济发展的需求。东部地区职业教育必须树立宽广的视野和宏伟的格局,确立创建全国一流职业技术学院的目标。为了实现这一目标,应大力扩大职业院校的规模,鉴于东部地区民营经济的繁荣,积极吸引民间资本参与,拓展职业院校的发展空间,使其达到或超过全国平均水平。职业教育应与东部地区的经济和产业结构紧密相连,构建一个结构合理、产教良性互动的职业教育发展模式。珠江三角洲、长江三角洲、京津冀等发达地区,可以依托一批高水平职业院校作为先锋,先行先试,在高职立法、社区教育、专业设置、招生改革等方面探索新的模式,为全国树立示范。同时,东部地区政府应选择一批在人才培养、工学结合、专业和课程改革等方面表现突出、水平高的职业院校,在政策和资金上给予重点支持,打造品牌强校,从而推动区域内职业教育的持续发展。

二、西部地区

西部地区,作为经济相对欠发达的区域,在国家"西部大开发"战略的推动下,其区域经济实现了快速的增长。根据定量分析,西部地区的职业教育对区域经济产生了积极的影响,尽管这种影响可能不及东部地区显著,但其影响范围广泛。这说明西部地区的职业教育已经取得了进展,并开始对经济产生影响。然而,受限于地区经济条件,职业教育尚未能充分发挥其对区域经济的促进作用。

对于西部地区职业教育来说，首要任务是扩大招生规模。目前，西部地区职业教育在数量上已经取得了一定的成效，但若要实现质量上的提升，则必须进一步扩大其规模。其次，职业院校应积极向中心省会城市集中，以形成规模效应。通过合并、联合建设等措施，主动整合地方院校，促进优势互补、合作共享、优化组合，从而培养出适应地方建设需求的人才，更好地服务当地经济。最后，针对宁夏地区以农牧业加工产业为主导、云南地区以旅游业为核心、新疆地区以农业和旅游业为主要经济支柱、内蒙古地区以畜牧业为重要产业的区域经济特色，职业院校应当立足于这些地方经济的特色和自身的优势条件。具体而言，职业院校应积极打造具有鲜明地方特色的专业学科，通过深入研究和了解地方产业需求，培育市场需求的新专业方向。同时，对传统专业进行必要的革新和升级，以适应不断变化的市场需求。这样，职业院校才能培养出符合市场需求的高技能人才，为地方经济的发展提供强有力的人才支持和智力保障。

三、中部地区

东部地区经济持续领先全国，而西部地区得益于国家"西部大开发"战略的推进，经济亦实现了快速增长。中部地区，作为我国的内陆核心地带，承担着重要的粮食生产任务，并支撑着农业经济的繁荣。自"中部崛起"战略实施以来，中部地区经济虽取得了一定进展，但除了湖北省，职业教育对区域经济发展的促进作用尚不显著，这反映出职业教育与区域经济之间尚未形成有效的良性互动。中部地区的财政资源相对有限，省属高校众多，学费普遍较低，贫困学生比例较大，导致政府对职业院校的资金支持一直较为紧张。

因此，加大对中部地区职业院校的投资力度，已经成为国家和地方政府迫切需要解决的重要问题。中部地区应当将职业教育作为发展的重点，尤其是与农业相关的专业领域。随着现代农业逐渐从传统的粗放型生产方式向集约型转变，机械化和产业化的发展趋势变得越来越明显，科技在农业经济中的地位和作用也变得越来越重要。通过大力发展农业职业教育，不仅可以显著提升中西部地区的农业生产力水平，还能进一步拓展职业教育在以农业为主的中部地区经济体系中的服务范围和功能。这将使得农业职业教育成为中部地区职业教育领域的一大亮点，为整个地区的发展注入新的活力和动力。

针对不同省份、自治区和直辖市的具体情况，经济发达地区如天津市、江苏省和广东省的职业院校发展迅速，可以在职业教育体制改革中积极探索，充分发挥其示范和引领作用，打造成为全国职业教育改革的示范基地。对于如陕西省等经济欠发达但职业教育较为发达的地区，应积极与其他地区合作，发挥其辐射效应。而如浙江省、上海市等经济发达但职业教育相对滞后的地区，则应逐步将教育资源从中心城市向二、三级城市转移，培育新的教育增长点。至于"地方学院"的发展，不仅要吸引其他职业教育发达地区的人才，还应鼓励青海省、贵州省等经济欠发达、职业教育相对落后的地区，向中心省会城市集中，形成规模效应。通过合并、联建等手段，积极整合地方院校资源，形成优势互补、合作共享的新局面，为区域发展培养所需人才，服务地方经济。

第四节　职业教育可以成为终身教育的重要组成部分

教育已经成为人们生活中不可或缺的一部分。随着知识的不断更新和科技的飞速发展，社会也在持续地学习和进步。学历的结束并不等同于学习的终止。作为教育的一个重要分支，职业教育以其"地方性"和"职业性"为核心竞争力，不断开拓市场，成为终身教育体系中一个关键的组成部分。

一、建立职业教育的核心竞争力

职业教育是我国高等教育大众化进程中不可或缺的一环。然而，随着高等教育规模的扩大，其质量问题也逐渐显现。职业教育与普通本科教育的一个显著区别在于，它致力于培养同时具备"学历文凭"和"职业资格证书"的学生，这种"学历性"与"职业性"的结合构成了职业教育的核心竞争力。

一个地区的经济发展及其核心竞争力的提升，直接关联到该区域的生存与进步。一个地方的核心能力，是经过悠久历史的积累与演进形成的，它不仅体现了该地区的独特属性，还与当地文化紧密融合。因此，区域经济的一体化特征难以被其他区域复制或超越。这种一体化主要体现在自然资源、矿产资源以及人文科学技术三个方面。企业的核心竞争力是企业成功的关键要素，是其竞争优势的核心所在。职业院校作为培养地方经济发展人才的重要基地，对地方经济的培育同样发挥着至关重要的作用。

（一）职业院校的核心竞争力

1. 战略价值性

职业院校的核心能力的战略价值体现在它能为地方经济带来关键性和持续性的利益，从而在长期竞争中占据优势。其价值不仅在于经济价值的创造，更在于社会价值的创造，使学校成为当地经济的源泉和技术开发的辐射点。一旦职业院校具备这一能力，它就拥有了融入区域经济发展的核心竞争力。

2. 独特性

每所职业院校都有其独特的历史渊源，在长期的发展过程中形成了各自的特色。核心能力是指将职业院校的各种要素结合在一起而形成的一种相对固定的行为模式。

3. 创新性

创新是企业核心竞争力的基础，也是创建职业院校品牌的保障。

4. 拓展性

核心竞争力是职业院校拓展新领域的基础，是适应能力的重要保障。

5. 长期性

核心竞争力的形成是职业院校在长时间内通过观念、经验、教训等方面的发展积累而来的过程。这一过程并非一蹴而就，它需要所有职业院校师生的共同努力、培育和爱护。一旦形成，核心竞争力便不会像实物资产那样随着时间流逝而贬值。

（二）发挥职业性、地方性的特征，为地方经济服务

高等教育具备培养人才、进行科研活动以及服务地方社会的三大核心职能，职业教育同样也不例外，它与社会和地区的经济发展紧密相连。在招生市场方面，不同地区的高等职业技术院校在数量和质量、居民的经济状况以及对职业教育的接受程度等方面均存在显著差异。因此，在推进职业教育发展的过程中，必须综合考虑这些因素。至于劳动力市场，鉴于各地区行业特点的多样性，职业教育应当有针对性地进行人才培养。因此，地方政府应当充分利用职业教育的三大职能，以促进地方经济的发展。

1. 立足本地市场，职业院校应充分发挥其在区域科技进步中的作用

根据教育部《关于全面提高高等职业教育教学质量的若干意见》，职业教育的一大特色在于根据地区经济发展的需求，灵活调整和设置专业。现代科技不仅是知识经济的核心，也是推动经济增长的关键因素。科学技术既是一种理论形态，也是一种应用形态。要将科技转化为实际生产力，教育是关键。在科技向生产力转化的过程中，职业教育的作用日益凸显。实现这一转变，职业教育主要有两条路径。

第一，科学技术的持续发展。科学技术是承前启后的事物，现代科技的进步往往是对前人科技成果的继承和拓展。职业院校可以利用科学技术的连续性，在各专业中开设反映最新科技的课程，引入相关学科的前沿理论，促进科学技术的传播；同时，职业院校可以提供科技咨询服务。通常情况下，职业院校拥有丰富的专业人才资源，能够提供多种形式的技术咨询和支持。此外，通过现代网络通信技术，构建高科技信息传播网络，突破时空限制，

这也将是未来发展的趋势之一。

第二，创新科技。尽管高等职业教育并不将科学研究作为首要任务，研究工作仍然是其核心活动。高职学院拥有一支理论基础坚实、实践技能娴熟、教学能力卓越、专业技术精湛的师资队伍。职业教育以其完善的学科体系、先进的实验设施和强大的科研能力，构成了一个促进科研与创新的理想环境。随着科技的持续进步，高等职业教育机构必须主动投身研究工作，以满足市场需求。

德国作为职业院校科技创新的典范，其职业院校利用自身的高科技研发能力，与中小企业紧密合作，帮助其解决生产过程中的技术难题，并利用先进工艺为中小企业在高科技领域的创新提供支持。

2. 立足本土市场，增大职业院校在非学历教育方面的作用

随着知识的持续更新，人们不再满足于传统的学历教育，而是将学习融入整个职业生涯。当前，高等教育正朝着终身教育的方向迈进，职业院校必须认识到这一趋势，并充分利用其与生产实践紧密结合的优势。通过运用成熟的职业基础教育课程体系、模块化的职业岗位分析课程以及在职业培训中积累的管理经验，职业院校应重视其在非学历教育领域的独特角色，成为非学历教育的关键部分。非学历教育已超越传统学校教育的范畴，成为人们持续学习和自我提升的重要途径。在全球经济一体化的背景下，中国出现了众多国际认可的专业技术证书和职业技能证书，随着外资企业的不断进驻，这些专业证书已成为企业评估人才能力的关键标准。这一市场正受到越来越多培训机构的关注。职业院校应利用远程网络教育、技能证书资格培训以及与企业合作办学等多种方式，充分利用自身资源，形成"上岗—培训—再上

岗—再培训"的良性循环,这无疑是未来终身学习的重要趋势。

3. 立足本地市场,建立地区性的职业技能培训与鉴定中心

1999年,《中共中央 国务院关于深化教育改革全面推进素质教育的决定》明确指出,"全面推行学历与职业资格相结合",这标志着我国正逐步实施职业资格准入制度。职业资格证书将成为规范劳动力市场就业准入的关键条件,技能考核将成为劳动力市场的新焦点。职业院校应抓住这一机遇,在国家政策的框架内,结合自身的专业特色,充分利用现有的软硬件资源,建立职业技能培训与鉴定中心。该中心可以为职业院校的毕业生和其他社会人员进行技术能力培养和认证,让学员在学校学习时就可以取得相应的专业技术资格,从而适应当地经济发展对应用技术的需求。该机构的设立,也促进了高等专科学校的课程设置,把当前产业发展的前沿理论和实际应用知识整合到教育规划之中,结合专业能力规范对专业课程进行深入的研究。尤其是在实习方面,要通过强化实习基地的建设,提高"双师"师资队伍的质量,建立符合职称评定需要的"双师"评价队伍。

4. 依托本地市场,积极拓展社区教育领域

目前,我国正加大对社区的投资与建设力度,社区文化已经成为构建和谐社会的重要指标之一。社区教育正逐渐成为教育发展的新动力,许多培训机构正积极投身于这一领域,寻求新的发展机遇。例如,他们可以开设计算机、外语、法律等热门课程,满足居民多样化的学习需求。此外,培训机构还可以结合自身的优势,将专业知识课程引入社区,如农业种植技术等,为居民提供实用的技能。这些课程属于非学历教育,旨在培养居民为当地经济服务的能力,同时促进当地经济的发展,实现教育与经济的良性互动。

参考文献

［1］蔡雪玲，刘悦凌.职业教育区域经济发展适应性研究：基于天津7所双高校2022质量年度报告［J］.天津职业大学学报，2024，33（02）：27-33.

［2］程兆宇，杨兆山.职业教育服务区域经济发展的时代转向、内在逻辑与协同路径［J］.教育理论与实践，2024，44（06）：18-22.

［3］范栖银.高等职业教育与经济高质量发展耦合协调度的指标体系构建与实证检验［D］.上海：华东师范大学，2023.

［4］范旭东，李丹.广东省高等职业教育与区域经济发展的适应性评判［J］.黑龙江高教研究，2023，41（12）：29-35.

［5］扶荣，郝贵敏，刘洋.职业教育与区域经济发展适应性研究：以廊坊市为例［J］.商业观察，2024，10（17）：35-37+43.

［6］郝英良.职业教育与区域经济协同发展研究：以辽宁省为例［J］.辽宁师专学报（社会科学版），2024（02）：104-106.

［7］雷凯.基于一般系统论的京津冀高等职业教育与区域经济发展的协同

性研究［J］.高教学刊，2023，9（31）：27-33.

［8］李斐.辽宁省职业教育与区域经济发展适配性研究［J］.辽宁经济职业技术学院.辽宁经济管理干部学院学报，2023（04）：78-80.

［9］潘秀艳.湖北区域经济发展背景下高等职业教育的适应性的优化研究：以汽车专业为例［J］.汽车画刊，2024（05）：152-154.

［10］邵蕊.职业教育赋能区域经济高质量发展研究［J］.淮南职业技术学院学报，2024，24（01）：137-139.

［11］陶桂芬.高等职业教育与区域经济协同发展研究：以晋江市为例［J］.科技经济市场，2023（10）：47-49.

［12］吴自力.乡村振兴背景下职业教育与农村电商对区域经济发展的影响研究［J］.中学地理教学参考，2023（14）：84.

［13］武安市职教中心坚守职业教育定位服务区域经济发展［J］.采写编，2023（05）：194.

［14］徐海峰.北京高等职业教育与区域经济发展的适应性研究［J］.北京劳动保障职业学院学报，2023，17（03）：47-51.

［15］于晅.高等职业教育人才与区域经济协同发展研究［J］.国际公关，2024（09）：191-193.

［16］张婷，王晓凤，吴晓莉.职业教育服务"中国牙谷"经济和产业发展研究：以资阳口腔职业学院为例［J］.现代职业教育，2024（16）：77-80.

［17］郑兴东，邓蕊，赵春宇.产业学院建设助力高等职业教育适应区域经济发展研究［J］.商业经济，2024（05）：186-189.

［18］周蓉.解析粤港澳大湾区职业教育服务区域经济发展的研究［J］.

才智，2023（34）：189-192.

［19］朱凤慧，苗小爱.山东省高等职业教育与区域经济发展适配性研究［J］.公关世界，2023（10）：71-73.

［20］朱素芬，王赛芝.我国职业教育与区域发展的研究热点及发展趋势：基于CiteSpace的知识图谱可视化分析［J］.温州职业技术学院学报，2023，23（03）：66-76.